U0512033

金融街**10**号丛书
The Series of No.10 Financial Street

金融街**10**号丛书

The Series of No.10 Financial Street

金融风云录

（四）

中央国债登记结算有限责任公司 ◎ 主编

全 国 百 佳 图 书 出 版 单 位

时代出版传媒股份有限公司

安徽人民出版社

图书在版编目（CIP）数据

金融风云录（四）/ 中央国债登记结算有限责任公司 主编 . —— 合肥：安徽人民出版社 , 2020.10

（金融街 10 号丛书）

ISBN 978-7-212-10894-6

Ⅰ . ①金… Ⅱ . ①中… Ⅲ . ①金融市场—研究—中国 Ⅳ . ① F832.5

中国版本图书馆 CIP 数据核字 (2020) 第 195130 号

金融风云录（四）
JINRONG FENGYUNLU(SI)

中央国债登记结算有限责任公司　主编

出 版 人：陈宝红　　　　　　　　　　丛书策划：曾昭勇　白　明

责任编辑：李　芳　　　　　　　　　　责任印制：董　亮

装帧设计：张诚鑫

出版发行：时代出版传媒股份有限公司 http://www.press - mart.com

　　　　　安徽人民出版社 http://www.ahpeople.com

地　　址：合肥市政务文化新区翡翠路 1118 号出版传媒广场八楼　　邮编：230071

电　　话：0551-63533258　0551-63533259（传真）

印　　刷：安徽省人民印刷有限公司

开本：710mm×1010mm　1/16　　印张：14.25　　字数：200 千

版次：2020 年 10 月第 1 版　　　　2020 年 10 月第 1 次印刷

ISBN 978 - 7 - 212 - 10894 - 6　　　　　　　　　　定价：36.00 元

版权所有,侵权必究

上篇/宏观经济与政策

下篇／金融与债券市场

上篇／宏观经济与政策

HONGGUAN JINGJI
YU ZHENGCE

加强供给侧结构性改革　提高经济潜在增长率

——专访蔡昉

《债券》：中央经济工作会议在去年12月提出要着力加强供给侧结构性改革，您认为为什么要将这次改革定为"供给侧结构性"改革？

蔡昉：认识这个问题，我们要分析中国经济减速的原因到底是什么，是供给侧的原因还是需求侧的原因。如果是供给侧出现了问题，就应该在供给侧想办法去应对。

当前，我国企业缺乏投资和扩大生产的意愿，是不是因为需求不足、生产出的产品没有人要呢？如果像之前金融危机时期那样，世界经济整体复苏乏力，外需大幅减少，那么就是需求不足，需要刺激政策。但是我们计算了一个数据，叫作劳动密集型产品的比较优势，就是中国经济中劳动密集型产品出口比重与世界经济中劳动密集型产品贸易比重之比，如果这个数据下降，就说明我国出口的减少是快于世界经济的，意味着供给出现了问题。事实上我们发现，从2003年到2013年这10年间，我国劳动密集型产品的比较优势下降了36%，幅度很大。因此我

蔡昉时任中国社会科学院副院长、学部委员。

们判断经济增速放缓是供给侧的问题。这时再使用刺激需求的办法就不对症了。

仔细分析供给侧的问题，到底是供给不足，还是供给不对路、供给结构出现了问题？我们认为，调整供给数量是解决不了问题的，调整结构才是对的，要按照需求的结构调整供给结构。供给侧问题的根本，在于中国经济的比较优势在下降，全要素生产率在下降，竞争力不够，很多领域不能再按原来的价格提供足够数量的产品。

《债券》：您用数据说明了当前是供给侧出现了问题。不过回顾中国经济发展的历程，以往主要是在需求侧出现问题，为什么会出现问题从需求侧向供给侧的转变？

蔡昉：以往主要面临的是宏观经济周期问题，大家主要考虑的也都是这个问题。过去经济增长有波动，说增速高，实际意思是说经济实际增长率高于潜在增长率，那时我们通常会说经济过热。我们也经常会遇到实际增长率降到谷底，含义是经济的实际增长率低于潜在增长率，这时就产生了增长缺口，我们会采取刺激的办法，通过货币政策、财政政策刺激经济。由于宏观经济周期不是过热就是过冷，因此宏观经济调控政策是必要的。

但是，宏观经济除了有周期问题，还有长期增长问题。现在经济增速降下来，2015 年 GDP 增长率是 6.9%，这与改革开放后长期接近 10% 的增长率相比，相差近 3 个百分点。历史上我国经济每次实际增长率低于潜在增长率时，大约也是出现 3 个百分点的增长缺口。因此当前很自然就会出现两个想法：一是要刺激经济，采用一贯的宏观经济政策来拉动经济增长，这是很自然想到的；二是经常会问一个问题：这个增长速度下降什么时候见底？

如果是经济周期现象，就会见到一个底，然后经济增长速度终究要回来。但是当前根据我们的测算，6.9%仍然是在潜在增长率之上，因为我国经济发展速度放缓了，潜在增长率也下降了3点多个百分点，所以不存在实际增长率低于潜在增长率的情况，目前宏观经济是没有增长缺口的（参见图1）。

当前的情况和以往的宏观经济波动不一样，是经济增长发展阶段出现变化的结果。周期性

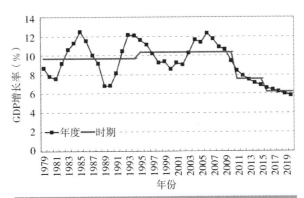

图1 中国经济潜在增长率在下行

因素对应的是需求侧的问题，是扰动性的因素；而增长现象是长期发展到一定阶段的必然结果，对应的是供给侧的问题。我们读经济学教科书，增长理论和周期理论共同构成宏观经济学，我觉得这是一个天平。

《债券》：您提到根据测算，当前潜在增长率已经下降，为什么我国经济会出现这种情况？

蔡昉：从人口红利的角度看，过去几十年我国劳动年龄人口不断增长，这个趋势一直延续到2010年之前。我国劳动力供给充足，资本投资不断递增，投资回报率较高。大量劳动力从生产率较低的部门转向生产率较高的部门，全要素生产率也在不断提高。任何国家的经济增长都

主要靠这几个因素推动，我们测算，我国经济潜在增长率在 2010 年之前大体为 10%。

然而，通过 2010 年进行的第六次人口普查发现，劳动年龄人口的增长达到峰值，之后开始负增长，我国人口趋势发生了根本性变化。通过劳动力供给、资本回报率、劳动力转移速度等因素判断，我国的经济潜在增长率是下降的。测算数据显示，"十二五"时期平均潜在增长率为 7.6%；按照自然发展趋势，到"十三五"时期潜在增长率是 6.2%。这个变化不是宏观经济周期的变化，而是阶段性变化，因此回到前面我们提到的，这次经济增长速度下滑看不到 V 型的反转，而是将走出 L 型的长期趋势。

《债券》：通过数据测算，我们可以判断当前经济没有出现增长缺口。有没有其他案例或者现象，能够更直观地证明这一判断？

蔡昉：有的。我们看到一个现象可以作为重要证据，就是当前我国没有出现周期性失业。如果实际增长率低于潜在生产率，意味着生产要素没有得到充分使用，劳动力没有得到充分雇佣，就会产生周期性失业。事实上，我国当前失业率按照原来一贯使用的登记失业率来看，去年只有不足 4.1%，这基本上和自然失业率是相等的——自然失业率就是市场必然要出现的失业率，来自于有些人更换工作时两份工作之间存在时间差，或者为应聘新工作需要掌握新技能而花费时间去学习。现在还有一个新指标叫作调查失业率，目前是 5.1%，也一直比较稳定，客观评估 5.1% 也是一个不算高的失业率水平。经济学中的奥肯定律告诉我们，潜在增长率和实际增长率是一致的，生产要素被充分利用，就不会出现周期性失业。

《债券》：能否请您从供给侧角度更详细地帮我们解读一下经济增速放缓都受哪些因素影响？

蔡昉：目前出现的一些情况使中国的劳动密集型产业的比较优势下降，并导致经济潜在增长率下降，总结起来有这样几个因素。

首先，当然是劳动力短缺导致工资上涨。目前城市绝大部分新增就业岗位依靠的是农民工，三分之一就业是农民工就业，而农民工数量的增长速度逐渐减慢，出现供给不足；同时农民工工资一直在上涨，2004年以来农民工工资的增长速度每年剔除物价因素后仍高达11%。

仅仅看工资还不能代表比较优势和竞争力，还要看工资对劳动力成本的影响效果——如果劳动生产率的提高速度和工资一样快，比较优势不会下降。但现在有很多研究报告已经显示，中国劳动生产率提高的速度是减慢的。我们把劳动生产率与农民工工资做了一个比较，计算了一个指标叫作单位劳动成本，用工资除以劳动生产率，结果发现，日本这一指标是下降趋势，中国则在迅速提高，最近这几年平均每年达到14%。因此可以说，我国和发达国家的单位劳动成本越来越趋同。

更进一步分析，虽然我国劳动年龄人口从2011年开始负增长，但由于这几年我国劳动参与率是提高的，事实上劳动力还没有出现负增长。根据我们的测算，2017年中国的经济活动人口到达峰值，之后开始负增长，因此真正劳动力短缺的高潮是明年以后，这个冲击还没有结束，这是影响经济增长的一个重要因素。

其次，我国人力资本的改善速度在放缓。人力资本是要素生产率的重要促进因素，如果劳动力数量不足，能以质量补上也可以。但中国与其他国家不一样的一个特点就是，随着劳动力年龄的提高，其受教育的年限是迅速下降的，也就是随着劳动力新增量减少，人力资本的改善速度也放慢了。我们计算了一下，2011 年到 2020 年期间我国新成长劳动力以每年 1% 的速度递减，把劳动力存量乘以平均受教育年限得到中国劳动力人力资本总量，结果发现从 2011 年到 2020 年，这一数据以每年 1% 的速度在递减。

再次是资本报酬递减。此前清华大学白重恩等人的研究显示，我国的资本回报率是迅速下降的。因为在劳动力不变的情况下不断投入资本，资本增加到一定程度边际报酬就会递减。前些年劳动力供给的增加防止了资本报酬递减规律的发生，现在这个条件没有了，资本报酬递减投资下降是必然的。

最后看生产率的提高。过去生产率的提高主要依靠劳动力转移，农业人口转向非农产业，也就意味着劳动力从生产率低的部门转移到生产率高的部门。我们的计量分析显示，2009 年全要素生产率对当年经济增长的贡献率为 17%，其中有 8 个百分点来自于劳动力从农业到非农业的重新配置。值得指出的是，当时的背景是外出农民工大约每年增长 4%。

但我们发现，农村 16 岁到 19 岁年龄段的人口在 2014 年达到了最高点，从 2015 年开始这部分人口出现负增长。这部分人口，就是每年从农村转到城市新增的外出农民工主力——比他们年龄更大的农民工该出来的已经出来了，作为存量已经记在统计年鉴上；比他们年龄更低的还要读书，出来的可能性不大。新增外出农民工达到峰值，进入负增长阶段，势必影响到生产率的提高。

《债券》：人口因素对经济增长带来显著影响，但人口趋势短期内难以逆转。能够通过哪些办法应对这些不利因素？

蔡昉：经济发展进入新阶段，我国经济增速放缓主要不是外部因素造成的，而是经济发展阶段变化和内在结构性矛盾造成的，是我国的全要素生产率在放缓。只有依靠改革才能遏制这一下滑趋势。

对于劳动密集型产业而言，随着我国人口红利消失，有些产品的比较优势终究会丧失，但是如何把优势消退的时间拖得更长一点、为我们转向新增长源泉赢得时间？如何把生产要素的供给潜力挖掘出来，把生产率提高也就是全要素生产率提高的潜力挖掘出来？我认为这些都可以通过改革来实现。

比如，深化户籍制度改革，加快提高户籍人口城镇化率，让更多的农民工在城镇落户，使他们更稳定地在非农产业就业，就可以减缓劳动力转移速度的下降。如果教育体制改革能有突破性举措，将义务教育向学前教育和高中教育延伸，均衡教育资源配置，提升教育生产率，加大培训力度和提高培训质量，也可以提高人力资本的改善速度。大家都知道，我国实行全面放开"二孩"政策，这对 20 年后的劳动力人口应该会带来一定的改进。

《债券》：这些改革举措对于缓解经济增速放缓能够起到什么样的效果，您有具体测算么？

蔡昉：假设改革能够使生育率提高、全要素生产率提高、劳动参与率提高出现不同组合，会得到不同的新潜在增长率，最好状态下未来经

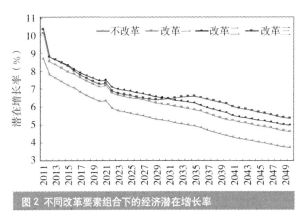

图 2 不同改革要素组合下的经济潜在增长率

济增长率会出现一定的扬起（参见图 2）。如果改革使劳动参与率和全要素生产率提高更多，那么最终达到的潜在增长率也会更高一些。

根据我们的测算，通过提高劳动参与率来填补劳动年龄劳动力或者经济活动人口负增长的空缺，其中以农民进入城市务工计算，每提高非农劳动参与率 1 个百分点，可以对应 0.88 个百分点的潜在增长率；如果提高全要素增长率 1 个百分点，可以增加 0.99 个百分点的潜在增长率。设想一下，随着改革的逐步推进，改革红利在一段时间内缓慢释放出来，只需每年非农劳动参与率提高 0.2 个百分点、全要素生产率增长提高 0.2 个百分点，就可以得到 0.374（=0.88×0.2+0.99×0.2）个百分点的额外改革红利。再加上原来不改革本身就有的 6.2% 的潜在增长率，新潜在增长率可以达到 6.55%，这样的增速就能够实现十八届五中全会提出的"十三五"时期经济保持中高速，也可以达到 2020 年 GDP 翻番的增长速度。如果达不到潜在增长率，那就是出现了周期性因素，可以考虑刺激政策。这就是我们通过改革释放红利，来实现经济增长速度的途径。

（本文原载于《债券》2016 年 3 月刊）

寻找中国经济的新平台

刘世锦

一季度我国的经济数据出现回升，对此大家持比较乐观的态度。整体来看，中国经济在由高速增长转向中速增长，其背后是经济结构转变和增长动力转换，是一种平衡转向另一种平衡。在过去的 6 年时间里，经济处在这样的转型过程中。底在何方？其实就是要寻找到中速增长的一个新平衡点。

从需求侧角度寻找经济底部

从需求侧来看，中国经济过去 30 多年的高速增长主要依靠高投资，因为消费基本比较平稳。而高投资主要由三个部分组成：基础设施投资占比约 20%，比较高的时期可以达到 25%；房地产投资占比约 25% 至 30%；制造业投资占比在 30% 以上。这三项合起来可以解释中国投资的近 85%，其余 15% 是农业和其他方面的投资。其中，制造业投资又直接依赖于基础设施、房地产和出口，所以，这三项实际上是中国过去较长

本文作者系著名经济学家、国务院发展研究中心原副主任。

时间内三个最主要的需求。高投资要触底，就是这"三只靴子"要落地。

基础设施投资占比的最高点出现在 2000 年左右；最近几年，基础设施投资成为政府稳增长的重要工具，有时候波动比较大。在经济动力不足时，政府会相对加大基础设施投资。

出口在过去很长一段时期达到百分之二三十的增长速度，但去年是负增长。出口回落主要在于我国劳动力成本、土地、环境等要素成本的上升，导致出口竞争力相对下降。同时，从全球范围来看，贸易的增长速度低于经济增长速度，也对我国出口增长产生一定影响。

出口对整个经济增长很重要。出口要对 GDP 增长形成贡献，当年需要有净出口增量，这个条件比较苛刻。实际上出口对当年增长形成直接影响的主要是投资，估计达到投资总量的 30% 左右。

对于房地产投资的未来走势，市场有不同的判断。有些人认为近两年房地产投资的回落是周期变化，我们则认为这是一个历史性拐点。原因在于，构成房地产投资 70% 左右的是城镇居民住宅；从历史数据来看，城镇居民的需求峰值大概是 1200 万至 1300 万套，相当于每户城镇居民拥有一套住房。2014 年，这个历史需求峰值的天花板就已经达到了，之后房地产投资总量持平，再往后还会减少，表现在房地产投资增速上就是出现负增长。什么时候这个负增长能够基本上稳下来，甚至由负转正，房地产投资就能触底，这"三只靴子"也就全部落下来了。

从供给侧角度寻找经济底部

再看供给侧。需求侧下来了，但供应侧调整比较慢，于是出现了严重的产能过剩。产能过剩最突出的行业是煤炭和钢铁，过剩基本在 30%

以上。这种严重的产能过剩导致了结构性通缩，工业品出厂价格指数（PPI）出现连续 49 个月的负增长。不过自今年 1 月份以来，PPI 略有回升，大宗商品价格有所反弹，3 月 PPI 同比值为 –4.3%，而去年最低值只有 –5.9%。

助推 PPI 实质性回升的因素有两个。一是去产能信号发出之后，市场会产生预期，大宗商品价格的回升和这个信号也有关系。二是在去年四季度，产能过剩行业里最好的企业都开始出现亏损，意味着这些行业很可能已经到了"地板价"，不能再低。所以，价格最低点很可能已经过去了。

产能过剩导致的第二个重要结果反映在工业企业盈利数据上，自 2014 年 8 月开始，全国规模以上工业企业利润在长达一年多的时间里一直是负增长。不过，如果剔除掉煤炭、钢铁、铁矿石、石油、石化、建材等几个产能过剩问题最突出的行业，整个工业的盈利状况还可以，说明工业企业利润的负增长主要源于这些产能过剩行业。

对于上述问题，应该采取什么样的思路来解决？有些人认为，应该放松货币政策来治理通缩。但是，当前我国这种由于产能过剩产生的通缩，和国际上一些国家由于流动性不足而出现的通缩完全不一样。其实，相当一段时间以来，我国货币政策还是比较宽松的，但是过剩的产能问题解决了么？PPI 回升了么？都没有。

既然扩大需求没有太大潜力可挖，解决问题的出路，就是去产能。这个去产能应该是实质性去产能，或者说物理意义上的去产能——把该关掉的要关掉。如果产能过剩 30%，至少去掉 20%，这样价格才能回升，企业盈利和相关地区财政状况才能转好。

目前有一种观点，担心去产能会不会影响增长速度？我个人认为不会的，因为产能严重过剩的行业事实上已经在按需生产，而且在最近至少一年左右的时间里一直在去库存。

当前产能过剩的行业在去产能完成后，发展潜力还是相当大的。比如钢铁行业，我做过一个测算，中国现在人均钢铁存量大约是 6 吨，美国是 24.6 吨，日本是 40 吨以上。假定中国达到美国的人均水平，还需要新增约 300 亿吨钢铁，如果钢铁行业产量每年为 8 亿吨——这个数字已占全球每年产量的一半以上，那么钢铁行业还可以再增长约 40 年。这个测算有没有依据呢？我们看日本 1972 年在经济下台阶的时候，钢铁产量是 1.19 亿吨，去年产量是 1 亿吨。所以说中国的钢铁行业，乃至煤炭等行业，如果把过剩的产能去掉，今后完全有继续发展三四十年的潜力。

观察未来经济的二次触底

从供给和需求来看，需求的底主要看投资指标，供给的底主要看效益。

目前投资已经基本稳定下来。房地产投资经过一段时期的负增长，已经转正。一季度一线房价上涨对房地产投资是一个刺激，但这很可能是短期因素，还需要观察扰动过了以后的整体趋势。基础设施投资和政策的关系比较大，能否保持较高的增长需要观察。出口增长率当前是偏低的，将来如果能够达到 5% 左右，就是一个正常的增长速度。

从供给和需求相适应的角度看效益，主要有两个指标：一是 PPI，已经开始回升。二是工业企业利润，在 2 月已经由负转正，3 月大幅增长 11.1%。未来需要观察其是否稳定，可持续性如何。

总体来说，一季度这些指标在去除短期扰动因素后，出现了一个高点。根据我们的模型分析，未来还是会回落，经济触底需要多次验证。因此，需要观察第二个落点是不是比第一个落点更低。如果更低，经济可能还会下行；如果不是，经济很可能就是在构造新的底部，也就是说开始构造新的增长平台。

整体来看，中国经济经过 6 年的回落以后，现在已经非常接近底部，我个人估计 2016 年下半年或者 2017 年上半年会触底。现在投资增长速度和固定资本形成增长速度之间的缺口越来越大，几乎差到一半——如果投资增长速度在 10% 左右，固定资本形成的增长速度大概在 5%至 6%，从这个现象看也是非常接近底部的。

经济触底后，未来最可能走出的形态就是一个大的 L 型，在 L 型底部出现小幅度的 W 型，就是有一些小波动。如果这样的平台期维持 5到 10 年，对于我们实现中长期发展目标是非常有利的。

经济成功触底的一个必要条件就是去产能，这也是供给侧改革的首要任务，必须在一两年内见效。对中国经济的信心，并不是来自不切实际的过高增长指标，而是通过深化改革切实解决经济转型中的体制性、结构性问题。推动供给侧改革，就是要面对并真正解决中国经济的深层问题，加快经济转型，并为触底后的中速增长期打下稳固基础。

（本文原载于《债券》2016 年 5 月刊）

供给侧结构性改革的理论创新与实践推进

徐诺金

供给侧结构性改革是当前我国宏观经济正在发生的重大变革，是我国各项工作适应新常态、引领新常态的大逻辑。正确理解这个大逻辑，需要结合中国经济发展中的现实问题，持续加强对习近平总书记系列重要讲话、中央经济金融管理政策以及各地推进供给侧结构性改革的实践进行学习、思考。根据对供给侧结构性改革理论实践的学习和观察，并结合近几年对宏观经济问题的一些研究，我认为供给侧结构性改革是我国政治经济学的重大理论创新，全面准确理解供给侧结构性改革要防止六种错误倾向，而在推进改革实践中则要注意处理好五大核心关系。

供给侧结构性改革是我国政治经济学的重大理论创新

毛主席说，没有革命的理论，就没有革命的实践。同理，没有正确

本文作者系著名经济学家。

的经济理论，也就没有成功的经济实践，因为实践离不开理论的指导。从中华人民共和国成立以来，我国主要领导人和仁人志士以马列主义基本原理为基础，结合中国自己的国情，逐渐形成了毛泽东思想、邓小平理论、"三个代表"重要思想、科学发展观等政治经济学理论，指导中国特色的社会主义建设实践取得巨大成功。经济社会建设中的主要问题会在不断被解决过程中不断发生变化，正确的理论也不能僵化，理论只有同步发展才能保持对发展变化的实践具有指导意义。面对经济发展新常态中出现的新问题，习总书记提出供给侧结构性改革这个引领时代发展的大理论、大逻辑。我认为供给侧结构性改革理论是社会主义市场经济理论的继承和发展，是具有中国特色、中国风格、中国气象的政治经济学，是对当代中国社会主义政治经济学理论的丰富和发展，是对中国经济发展过程中一系列重大问题的最新回答，也是对中国经济理论中一些认识误区的纠偏和澄清。

第一，供给侧结构性改革理论回答了中国经济发展的阶段性特征问题。这就是中国经济经过 30 多年的发展所面临的主要矛盾正在从量变为质，即从过去如何最大限度地满足人民群众日益增长的物质和文化需求，演变为如何最大限度最有质量地满足人民群众日益增长的更高层次更多样化的物质和文化需求的问题。所以，当前第一要务仍是发展，但这里的发展是更有质量、更有层次的发展，不仅指量的做大，更要讲质的提升，是质和量相统一的发展，绝不能以一个代替另一个。因此理论界少数专家学者和实践中的部分同志只唯量、不顾质，只唯速度、不顾环境与效益，或相反，以质代量、轻视甚至否定发展重要性的偏向都是错误的。

第二，供给侧结构性改革理论回答了中国经济发展的目的问题。中国经济是社会主义市场经济，发展手段是市场，目的是社会主义，目标是实现公平、正义、共同富裕。这就要求我们必须解决社会公平问题、社会正义问题、极端贫困问题。在这方面，我们理论界存在只重视市场运行操作而轻视对市场的道德约束，轻视市场竞争过程中的分化结果，轻视运用政府、运用国有体制弥补和解决市场失灵必要性的问题。

第三，供给侧结构性改革理论回答了经济发展过程中如何重构中国发展优势，实现与自然、社会、世界和谐发展的问题。这就是"创新、协调、绿色、开放、共享"五大发展理念。国家为此推出了一系列重大的发展战略和措施。在这方面，我们理论界却存在短视、片面、封闭的倾向。比如在总结过去的发展得失时，有人把发展和环境对立起来，认为过去发展中的环境恶化是发展带来的，是片面追求 GDP 的结果，为了追求绿色，进而否定 GDP 的重要性；讲创新发展时，有人离开资本、投资及其他基本生产要素的投入去讲创新；讲对外开放时总是以"货币战争"思维，讲零和博弈；讲激励机制时，只讲如何扩大收入分配差距，只讲降低成本，不讲劳动保护、共享发展。这些观点都不符合社会发展规律，不符合社会主义市场经济的发展目标，而供给侧结构性改革理论激浊扬清，是对这些观点的纠偏。

第四，供给侧结构性改革理论指出了当前中国经济发展中的关键点在供给侧、在结构性、在改革。因此，中国经济继续发力要围绕供给侧来进行，主要解决供给如何更好地适应需求的问题；中国经济发展中要解决的主要矛盾是体制机制保障和供求关系的结构性失衡，因而不需要把整个体制机制推倒重来或对供求关系全面调整；中国经济发展中结构性问题的解决关键靠改革，改革要以问题为导向，围绕体制机制中阻碍市场供求关系调整的问题一个一个地去解决，有什么问题解决什么问题，不扩大，也不回避，攻坚克难，久久为功。

全面准确理解供给侧结构性改革理论要防止六种错误倾向

一是避免将供给侧结构性改革仅仅局限于我们平时理解的市场结构、行业结构、产品结构等。供给侧结构性改革不仅包含市场供求的结构性吻合，即行业结构、产业结构、产品结构等方面的结构性均衡与优化，而且更重要的方面是体制机制改革和制度创新。当前我国经济发展面临的突出矛盾和问题，表面上是市场结构问题，实质是体制机制问题。产能过剩与产能不足的并存，库存积压与短缺紧张的并存，重复建设与公共产品不足的并存，反映的都是体制性、机制性矛盾，都要依靠深化改革创新的办法来解决，我们推进供给侧结构性改革核心还在于体制机制。

二是避免满足总量、轻视人均、轻视增长和发展潜力等错误。要充分认识到，进一步发展、做大做强总量仍是我国当前和未来相当长一段时期内的第一要务。尽管我国经济总量已达全球第二，但人均排名90多位。2015年，我国GDP为67.7万亿元，仅次于美国，但人均GDP只有约8000美元，与美国、日本、德国、英国等发达国家3.7万美元的人均水平存在很大差距。只有保持足够高的经济增速，才能逐步缩小与发达国家人均收入水平的差距，才能逐步解决城乡差距、区域差距、收入差距等结构性问题，才能解决城镇化、农民工、老龄化等现实问题。当前我国经济的最大问题不是潜在经济增长能力的下降，而是现实增长远远低于潜在增长，原因在于我们轻视增长的重要性。因此，不能简单把扩大经济总量与供给侧结构性改革对立起来。

三是避免把扩大投资仅仅当作凯恩斯主义的强刺激政策而有意回避，或简单理解为短期的需求刺激、低水平重复建设等不可持续的需求侧变量，而要客观全面认识投资在供求两端、在推动技术进步和创新、在推动转型升级中的重要性。投资既是短期需求，又是长期供给，是影响长期潜在增长和短期现实增长的关键变量，是生产要素中最活跃、最关键、最可调节的变量，在短期稳增长和长期促供给中具有非常独特的作用。在推动供给侧结构性改革中，要在深化投资体制改革、优化投资结构、提高投资效率的前提下，最大限度扩大投资规模，因为只有扩大投资，才能推动增长、推动技术进步、推动创新、推动真正的市场结构调整和企业转型升级。

四是避免把供给侧结构性改革的任务完全归于政府，也不能完全否定政府在其中的应有作用。我们推进供给侧结构性改革，不是搞新的计划经济，而是为了更好发挥市场在资源配置中的决定性作用。要避免计划经济思维，防止行政干预回归。同时要明确政府的权力边界，更好发挥政府这只手的作用，这样，既能充分发挥市场机制在供给侧结构性改革中的决定性作用，也能找到政府在其中的应有定位和作用方式。当前，经济发展中产能过剩、库存积压、杠杆过高、成本过高、存在短板等突出问题，本质上都与市场机制没有真正有效发挥作用有关。要通过改革，放开行业准入，鼓励竞争，政府要确保和维护公平的竞争环境，为市场发挥决定性作用创造条件。要运用市场机制去实现企业出清、劳动力出清、产品出清，通过体制机制改革和制度创新来解决结构性问题，让市场真正在资源配置中发挥决定性作用。

五是避免把供给侧结构性改革作为需求管理的简单替代，供给侧结构性改革不能忽视或弱化需求管理。当前，我国供给侧结构性改革是对多年来过于强调需求管理、忽视供给侧的"纠偏"，但不是全盘否定需求管理，不是离开需求谈供给。这一点，可以借用权威人士的表述，我们"不是实行需求紧缩，供给和需求两手都得抓，但主次要分明，当前要把改善供给结构作为主攻方向"。事实上，供给侧和需求侧是宏观经济的两个方面，需求引导供给调整，供给创新满足需求，二者相互促进、缺一不可。在市场机制失灵、信心不足、消费与投资都出现收缩的情况下，供需不平衡、不协调、不匹配就会造成市场出现总量上的内向性收缩，现实增长会与潜在增长有很大差距，价格机制会失灵，资源配置效率会下降，必然影响经济的持续稳定发展。这时，矛盾的主要方面是在需求侧，就有必要通过加强需求管理去启动市场、增强信心、复苏经济、激活供求。因此，在供给侧结构性改革过程中，应当同时关注需求管理，适当扩大总需求，释放新需求，根据现实经济的运行情况，使新创造的需求能够激发新供给，使新创造的供给又能够反过来提高需求潜力、激发更大的需求活力。

六是防止把供给侧结构性改革当成新自由主义。这一点，习总书记说得很明白，"我们讲的供给侧结构性改革，同西方经济学的供给学派不是一回事，不能把供给侧结构性改革看成是西方供给学派的翻版，更要防止有些人用他们的解释来宣扬'新自由主义'"。我们讲的供给侧结构性改革，无论是它的新供给经济学理论基础，还是主张对制度变革以及政府这只有形之手作用的重视，还是所要解决问题的中国特色，都同西方供给学派或者新自由主义有着本质区别。要深刻理解其中的差别，避免供给侧结构性改革在推进、落实中走样，给中国经济社会带来新的风险。

有效推进供给侧结构性改革实践，关键要正确处理好五大核心关系

（一）正确处理近期稳增长与长期优结构的关系

在经济发展新常态下推进供给侧结构性改革，近期的重点是树信心、引预期、扩投资、稳增长，加强和改善宏观调控，改进国民经济管理方式。长期的重点在于促改革、转动能、增后劲、抢高点，使国民经济行稳致远。其中，扩投资、优投资是关键，是实现近期稳增长和长期优结构的关键变量，因为投资近期是需求，长期是供给，在平衡短期目标和长期目标中可以起到关键作用。同时要注意，供给侧结构性改革的综合目标在于完善社会主义市场经济体制，提升政府治理能力，理顺政府与市场的关系，实现有效市场和优良政府的有机结合，既能充分发挥市场的决定性作用，又能发挥好政府的作用。要在稳增长与调结构双重目标的追求中，为中国经济建立良好的体制机制，推动综合目标的实现。

（二）正确处理改革与发展的关系，通过改革建立和完善有利于"五大发展理念"的体制机制

党的十八届五中全会提出了"创新、协调、绿色、开放、共享"五大发展理念，集中反映了我们党对经济社会发展规律认识的深化，极大丰富了马克思主义发展观，为我们党带领全国人民夺取全面建成小康社会决战阶段的伟大胜利，不断开拓发展新境界，提供了强大思想武器。其重大意义正如全会所指出的，这是关系我国发展全局的一场深刻变革，影响将十分深远。

创新发展是"十三五"时期经济结构实现战略性调整的关键驱动因素，是实现"五位一体"总体布局下全面发展的根本支撑和关键动力；协调发展是全面建成小康社会之"全面"的重要保证，是提升发展整体效能、推进事业全面进步的有力保障；绿色发展是实现生产发展、生活富裕、生态良好的文明发展道路的历史选择，是通往人与自然和谐境界的必由之路；开放发展是中国基于改革开放成功经验的历史总结，也是拓展经济发展空间、提升开放型经济发展水平的必然要求；共享发展是社会主义的本质要求，是社会主义制度优越性的集中体现，也是我们党坚持全心全意为人民服务根本宗旨的必然选择。

简单来讲，改革是手段、是方法，发展是目标、是目的。创新发展、协调发展、绿色发展、开放发展、共享发展要靠正确有效的体制机制和政策去引导，只有通过深化改革，完善体制机制和财税、金融、环保、技术、安全、社会保障等方面的政策法规体系，发展才能真正符合创新、协调、绿色、开放、共享的要求。同时改革的有效推进离不开发展理念的指导，发展理念科学不科学，从根本上决定着改革的成效乃至成败。五大发展理念的提出本身就是一场思想领域的改革，符合并揭示现代社会发展规律，契合中国发展实际，合乎中国两个百年的发展目标，必能经受住历史的考验，推动中国特色社会主义道路越走越宽。因此，未来所有的改革，都应以五大发展理念的要求为指导，只有符合五大发展理念要求的改革措施才会有成效，才会经受住历史考验，取得成功。

（三）正确处理"三去一降一补"阶段性重点任务与供给侧结构性改革长期性之间的关系，防止把"三去一降一补"与供给侧结构性改革等同

供给侧结构性改革与"三去一降一补"有很大的相关性，也有着根

本的区别。它们的关系，可用长期与短期、战略与战术、目标与任务来类比。完成战术任务很重要，因为长期战略目标的实现，离不开不同时期一个个战术任务的完成。但如果把战术等同于战略，甚至用具体任务去代替战略目标，往往会迷失战略的方向，也不利于战术任务的完成。

"三去一降一补"是当前阶段供给侧结构性改革的具体任务，抓住了当前经济发展阶段供给侧存在的主要矛盾和问题，但它不是供给侧结构性改革的全部，也不是供给侧结构性改革的本质和核心问题。未来一段时期内供给侧结构性改革任务的推进，要反思一年来改革措施的推进与任务完成情况，深入研究宏观经济问题的新变化，制定系统性、针对性更强的措施和办法，使这五个方面的问题得到有效解决。但更重要的是，要为解决这五个方面的问题建立和完善一套有效的体制机制，来完成更多新的目标和任务。因此，必须全面准确地理解五大问题的真实情况，找准五大问题产生与存在的真实原因，提出真正有效解决问题的办法。在此过程中，要防止走偏，防止本意要解决问题，实际却制造出更大问题。

（四）正确处理国有经济成分与其他所有制成分的关系

公有制经济成分、国有企业是我国经济结构的重要组成部分，对公有制经济成分进行改革一直是我国从20世纪70年代末开始的宏大改革篇章的重大主题，同样也是当前和今后供给侧结构性改革的重要内容。中国社会主义市场经济的健康发展离不开公有制经济成分的健康发展。但是，由于公有制经济产权结构有天然局限性，委托—代理问题带来监督成本和经营成本高昂，社会目标和经济目标冲突，使国有企业一直存在效率低下、浪费严重等问题。经过30多年的改革尤其是多年来的股份制改造，目前我国国有企业经营体制机制的市场化程度已经有了很大提高，但国有股份一股独大、行政干预过多、公司法人治理不健全等体制机制问题仍然存在。为进一步完善我国社会主义市场经济体制，未来在推进供给侧结构性改革过程中，需要以市场化为导向，通过深化国有企业混合所有制改革，推动完善现代企业制度，健全企业法人治理结构，解决阻碍国有企业发展的体制机制障碍。国有企业要逐步退出竞争性行业和领域，把公共资源更多投向公共品生产、自然垄断、高新技术研发等有利于社会主义市场经济健康发展的基础性、核心性、保障性领域，提高国有资本配置和运行效率，优化国有经济布局，增强国有经济活力、控制力、影响力和抗风险能力，推动国有企业与非国有企业相互补充、各尽其责，实现各种所有制经济成分错位发展，夯实社会主义基本经济制度的微观基础。

（五）正确处理发展金融与支持实体经济的关系，让金融围绕供给侧结构性改革而发力

金融资源是现代经济的核心资源，金融的功能就是服务实体经济的发展。既然通过供给侧结构性改革解决现有经济结构失衡问题已成各界共识，在这一过程中，金融助力供给侧结构性改革也就是下一阶段金融业改革发展的应有之义。从宏观层面来说，可以从以下两个方面来看这个问题。

一方面，金融要支持经济社会体制机制转换。金融是服务于经济、服务于社会的，只有如此金融才有存在的价值。因此，从我国经济社会发展的战略目标来看，金融要为推动我国经济社会转型服务。其一，作为经济供给侧改革的重要内容，金融业自身改革要与经济社会体制机

制改革和制度创新有机结合，相互支持，相互促进。其二，金融要为体制机制转型提供相对稳定的环境，通过灵活适度的货币信贷政策为体制机制改革争取时间和空间，最大限度地推动社会体制机制的转型与进步。

另一方面，金融要围绕实体经济做文章，把实体经济做大做强要成为金融的首要任务和目标。金融与实体经济是共生共荣的命运共同体，实体经济不发展，是金融业面临的最大风险。特别是在当前日益复杂的经济金融环境中，金融要与实体经济同甘苦共患难，银企联手，共渡难关。要运用多层次金融市场机制和多样化的金融工具品种为实体经济提供高效服务，监督引导资金真正进入实体企业，而不是在金融系统空转。要在保持宏观政策稳定的同时，围绕稳增长、调结构、惠民生创新服务方式，运用大数据、云平台等改造提升传统金融业，拓展为实体经济服务的渠道，不断满足经济发展和转型升级中多元化的融资需求，破解金融资源供需错配难题。

从操作层面看，可以将以下几个具体的经济社会发展目标作为金融支持供给侧结构性改革的着力点。

其一，金融要围绕"中国制造2025"，支持制造业转型升级。制造业是实体经济的代表和核心，制造业的强大对于提升我们的国家竞争力至关重要。目前，我国制造的产品主要以中低端为主，要实现传统制造业的改造升级，发展高端装备制造业，就必须发挥金融业在支持"中国制造2025"方面的独特优势。通过金融体系高效的投融资体制，为制造业企业提供多样化的融资方式，努力实现制造业与金融业的"产融结合"，构建具有国际竞争力的现代产业体系，助推中国从制造业大国走向制造业强国。

其二，金融要加大对基础设施建设特别是新型城镇化的支持力度。继续城镇化是当前我国经济的最大特征，在相当长时期内我国仍会处于这一阶段。金融要围绕这一领域，加大投入，加大创新。从我国情况来看，经过近些年来的大规模建设，我国基础设施在整体上有了很大发展，但总体水平仍不高，尤其是中西部和农村地区水利、交通、能源、电力等方面的基础设施仍然很落后，还有很多投资需求和空间。金融要做好储蓄充分有效向投资转化的工作，运用多层次金融市场机制和多样化的金融工具为这些投资提供高效服务，努力为加快推进基础设施建设和新型城镇化进程提供更好的金融服务。

其三，金融要加大对"四农"特别是农民工转型的支持力度。长期以来，我国一直高度重视"三农"问题，但从现实情况来看，我们面临的不只是"三农"问题，而是在农业、农村、农民"三农"的基础上，出现的一个更重要问题——"农民工"问题。农民工问题已经成为影响和制约我国解决"三农"问题的关键，要真正解决"三农"问题，必须切实推动农民工转型为产业工人、城市市民和城市主人。作为金融业来讲，要坚持从城市和农村"两头发力"，一方面，做好农民工在城市"进得去、留得下、过得好"的全程金融扶持；另一方面，做好农村公共服务体系现代化、农业生产经营条件及服务体系现代化、农民生活水平和方式现代化的全方位金融服务，只有这样才能从根本上解决"三农"问题，实现"农业丰、农民富、社会稳"。

其四，金融要加大对"大众创业、万众创新"的支持力度。长期来看，"大众创业、万众创新"是我国经济健康可持续发展的重要引擎，必须进一步增强金融支持创业创新的服务意识，创新产品模式，加大信贷投放，降低融资成本，增强创业创新主体融资的便利性和可获得性，激发创业创新活力，释放新需求，创造新供给，加快实现发展动力转换，促进我国经济保持中高速增长的同时向中高端水平迈进。

其五，金融要加大对"一带一路"倡议的支持力度。"一带一路"倡议对于我国在新的历史条件下，推动全球和平发展，真正实现人类命运共同体，意义重大，影响将非常深远。同时它对打造全球新的增长极，推动基础设施互联互通，推动经济发展潜力巨大。金融的供给侧结构性改革要围绕这一战略，进一步推动金融对外开放，进一步放松金融管制，支持、鼓励有条件的金融机构走出去，提升金融业的跨境金融服务能力。应深入研究"一带一路"沿线重点国家的利益诉求和项目信息，引导金融机构和企业瞄准重点国家、行业、项目精准对接，精准发力，推动中国经济金融"走出去"。

（本文原载于《债券》2016 年 12 月刊）

用供给侧改革重塑中国发展新动力

王宇

随着我国经济由高速增长转变为中高速增长，原来被高速度所掩盖的一些结构性矛盾逐渐暴露出来。为了推动中国经济成功转型，为了重塑中国发展新动力，为了保持中国经济长期健康稳定发展，我们必须推进供给侧改革。

如何理解供给侧改革

供给是指生产者在每一价格水平上愿意并且能够提供的一定数量的产品或劳务。供给侧包含了劳动力、土地、资本和企业家才能等生产要素。

供给侧改革的目的是从要素市场发力、从供给端和生产端入手，通过解放生产力，提升竞争力，充分发挥市场在资源配置中的决定性作用，让资源从产能过剩的地方流向产能不足的地方；让要素从效率较低的

本文作者时任中国人民银行研究局研究员。

部门流向效率较高的部门。

供给侧改革的核心是放松管制，释放活力，公平竞争，矫正以前过多依靠行政配置资源带来的要素扭曲；打破预算软约束，堵住资金黑洞、清理僵尸企业，淘汰落后产能，创造新的经济增长点。

供给侧改革的关键是全面提高经济增长的质量和效益，全面提升要素生产力，引导过剩产能供给侧减量，达到与需求侧相适应的新的均衡水平。

供给侧改革的实质是要从提高供给质量出发，用改革的办法推进结构调整，扩大有效供给，提高供给结构对需求变化的适应性和灵活性，以更好地满足广大人民群众需要，促进经济社会持续健康发展。

为什么要推进供给侧改革

"十三五"时期，国内外发展环境错综复杂。世界多极化、经济全球化深入发展，世界经济在深度调整中曲折复苏、增长乏力。主要经济体的宏观经济走向和宏观经济政策都在分化，金融市场剧烈动荡，大宗商品价格大幅波动，全球贸易持续低迷，新兴经济体面临的困难和风险明显加大。与此同时，我国经济发展正经历深刻调整。发展方式粗放、不平衡、不协调、不可持续问题仍然突出，经济增速换挡、结构调整阵痛、动能转换困难相互交织，面临稳增长、调结构、防风险、惠民生等多重挑战。有效需求乏力和有效供给不足并存，结构性矛盾更加凸显，传统比较优势减弱，创新能力不强，经济下行压力加大，财政收支矛盾突出，金融风险隐患增大。部分行业产能过剩，企业效益下滑，债务水平上升。

也就是说，当下的中国经济正在经历一个速度变化、结构调整、动力转换的复杂转型过程。制约我国经济发展的突出矛盾和问题主要表现为经济增长速度下降、工业品价格下降、实体企业盈利下降、财政收入下降、经济风险发生概率上升。这些从表面上看是总量问题和周期性矛盾，实际是供给体系的创新能力无法适应消费需求变化，生产能力闲置和过剩并存，是结构性的有效供给不足。用扩张总需求的办法不仅不能真正解决问题，相反，过度依赖刺激性总量政策，有可能导致结构性问题进一步恶化。为此，我们必须坚定不移地推进供给侧改革。简言之，推进供给侧改革的原因主要有：

一是为了实现更高质量、更有效率、更加公平、更可持续的经济发展。增强经济内生动力，摆脱要素驱动，改变过去依靠资源和要素大规模、高强度投入，驱动经济增长的方式，转向提高要素配置效率和全要素生产率，使经济增长更多依靠内生动力，实现更健康、更高效、更可持续的经济增长。同时，推进结构调整，加大资产重组力度，促进要素有序合理流动，实现资源优化配置。

二是为了提高供给体系的质量和效率，推动我国社会生产力水平实现整体跃升。一方面减少无效和低端供给，扩大有效和中高端供给，使供给体系更好地适应需求结构的变化；另一方面，以体制机制创新促进技术创新、产品创新、组织创新、市场创新，加快经济结构调整和经济增长方式转变，强化体制动力和内生活力，确保经济运行在合理区间，为稳增长、调结构、惠民生、防风险创造良好环境。

三是为了满足广大人民群众日益增长的物质文化需要，让经济增长的成果为全体人民享有。落实好以人民为中心的发展思想，在消费结构不断升级换代的背景下，通过供给体系的改革和创新，提高满足社会最终需求的能力。

如何推进供给侧改革

我们应当如何推进供给侧改革？一是要有明确的理念；二是要有坚实的支撑；三是要有具体的任务。"创新、协调、绿色、开放、共享"是供给侧改革五大发展理念。"宏观政策要稳、产业政策要准、微观政策要活、改革政策要实、社会政策要托底"是供给侧改革五大重要支柱。"去产能、去库存、去杠杆、降成本、补短板"是供给侧改革五大重点任务。在此五大重点任务中，去产能和去杠杆的关键是深化国有企业和金融部门的基础性改革；去库存和补短板的指向是要同有序引导城镇化进程与农民工市民化有机结合起来；降成本的重点是增加劳动力市场灵活性、抑制资产泡沫和降低宏观税负。

一般来说，短期产出主要由需求总量决定，中长期产出主要由供给能力决定，因此，需求管理应当着眼于熨平短期波动；供给管理则要关注中长期的结构问题。从理论上分析，较为完善的市场机制能够自动引导供求关系的变动，使供给适应需求并且创造需求。如果供给不能满足需求，可能是存在某种供给约束或供给抑制。为此，供给侧改革的主要内容应当是放松供给约束、解除供给抑制。具体包括：增强国有经济活力，完善产权保护制度；激发和保护企业家精神，依法保护企业家的财产权和创新收益，促进生产要素自由流动，完善公平竞争的市场环境。

供给侧改革的方向是，通过简政放权，完善现代市场体系，包括商品市场体系和要素市场体系，形成供求决定价格、价格调节供求的机制体制,降低企业的制度性交易成本,包括交易成本、各种税费、融资成本、社会保障成本等。只有这样才能增强企业的创新能力、提高供给质量与效率、改善供给结构,提高全要素生产率。现阶段的供给侧改革,应当聚焦于生产要素的流动、重组、优化配置,主战场是要素市场改革。优先推进的领域包括:放宽准入,深化行政性垄断问题突出行业的改革;加快城乡之间土地、资金、人员等要素的流动和优化配置;在尊重创新规律基础上营造创新环境;抵制各类经济泡沫的诱惑和干扰,将资源导向提高要素生产率的活动;切实调动人的积极性。

推进供给侧改革的一项重要内容是推进财税体制改革。一是降低宏观税负,宏观税负是指一国在一定时期政府收入占经济总量的比重,体现政府在国民收入分配中所占的份额及政府与企业、居民个人之间占有和支配社会资源的关系。最近中央政治局会议明确提出要降低宏观税负,意味着将进一步降低企业税费负担,表明未来政府占国民收入分配比重可能会下降,企业和居民个人的收入比重将会上升。二是提高社会保障水平,增加政府在社会福利、社保、养老、医疗、健康、教育、环境等公共产品方面的支出。三是通过增加地方政府税收份额、取消增值税返还等途径,提高地方政府的收入水平。四是优化财政支出结构,创新财政支出方式。引导社会资本参与公共产品提供,将财政赤字和政府债务控制在可承受范围内,完善财政可持续发展机制。

需要强调的是,供给与需求共同决定价格,价格信号引导资源配置,这是市场经济的要义。进行供给侧结构性改革并不意味着需求管理和需求政策的退出,相反,两者应当相互配合、相辅相成、互为促进。需求管理主要是适度扩大总需求,保持经济运行在合理区间,为供给侧改革创造良好的宏观环境。供给侧改革则要提高有效供给能力，创造新供给，提高供给质量，扩大消费需求，增强经济内生动力，为中长期经济持续稳定健康发展创造条件。（本文为个人学术观点，不代表供职单位意见）

（本文原载于《债券》2016年8月刊）

"空中加油"三部曲助力中国经济平稳进入新常态

姚余栋

随着全球经济结构的调整，新兴市场扮演着越发重要的角色，但也面临着诸多问题。尤其在中国进入经济新常态以及实施"十三五"规划的背景下，部分人士对于中国经济走势有所担心，甚至过去一段时间里还不时流传着一些误解，比如中国经济的杠杆率过高、影子银行规模过大、人民币持续贬值等。

我个人与同事过去几年一直对去杠杆的问题进行研究，我们认为中国经济整体杠杆率（即政府部门、金融部门、非金融企业部门与居民部门债务余额之和与 GDP 的比值）不高，大约为 250%，与目前日本超过 400% 的杠杆率相比低很多。但是要注意到我国非金融企业杠杆率是相当高的，可以说是全球最高之一，中央"十三五"规划建议中也明确指出要去杠杆。

降低杠杆率是个全球性难题，去杠杆化的漫长过程对经济增长确

本文作者时任中国人民银行金融研究所所长。

实构成了挑战。麦肯锡全球研究院"债务与去杠杆化：全球信贷泡沫及其经济后果"主题研究发现，大部分去杠杆都伴随着金融危机。

没有出现金融危机、通过增长去杠杆的主要是美国，其在1938年到1943年通过参加第二次世界大战带来经济增长。实际上，我国在2001年到2007年期间也有通过增长去杠杆的成功经验。通过充分利用我国尚有的经济总体杠杆空间、保持经济增长在合理区间，并实施国有资产战略性调整，完全可以在不出现金融危机的情况下降低企业部门资产负债水平。

中国经济应该进行"空中加油"三部曲。何谓"空中加油"？即通过增长实现去杠杆化，也就是所谓"发展是硬道理""在发展中解决问题"的思路。中国企业去杠杆与发达国家去杠杆的原因和办法不同，中国需要继续增长和发展，如果采用发达国家常用的货币利率手段去杠杆，往往会对经济增长产生较大的负面作用，因此中国需要在发展中去杠杆。

中国经济去杠杆化必须从顶层和全局出发，采取根本性手段系统地解决问题，尤其应该在不干扰经济运行的情况下进行中国特色的"空中加油"：通过"中国式去杠杆"，在经济处于合理区间和保持经济整体杠杆率适度增加前提下，企业部门必须以去杠杆为主，及早增加股本，为中国经济增长进入新常态增加动力。具体而言，"三部曲"分别为：第一部，降低国有企业杠杆率；第二部，债转优先股，降低企业债务；第三部，贷转债，把银行贷款转成债券，这是我们比较创新的提法。

"空中加油"第一部：降低国有企业杠杆率

新供给经济学有"双进"主张，即国有、非国有经济应发挥各自优势协调发展，共同进步，摒弃两者之间非此即彼、互相排斥的思维模式。

第一，实施新一轮国有资产战略性调整迫在眉睫。我国经济体制改革初期，国企改革主要处于微观层面，缺乏清晰的国有资产产权关系和明确的国有资产监管体制。国有资本应大部分退出竞争性领域，鼓励和支持民营企业真正参与竞争性领域国有企业改制改组。在经营方式上实现混合所有制，加速非公有制经济和中小企业发展。继而将国有资本收益投入国家安全、公共服务和自然垄断领域，健全国有资本有进有退的合理流动机制，实施国有经济布局和结构的战略性调整，实现国有资本的优化配置，增强国有经济控制力，继续发挥主导作用。

第二，借鉴汇金模式，以产业基金的形式实现国有资本的动态优化布局。在调整国有资本布局和结构的过程中，将沉淀的国有资本交给专业投资机构来管理，不仅有利于取得较高收益，也利于国有资本的灵活进退。汇金公司和全国社保基金理事会近十年的运作为此提供了非常好的经验。国家可以通过变现或股权划转的方式退出商业竞争领域的国有资本，将其成立若干个产业基金，以增加公共产品供给为投资目标进行运作。

第三，在上述过程中，应充分利用多层次资本市场进行公平合理交易，防止国有资产流失。充分发挥资本市场在企业并购重组过程中的主渠道作用，强化资本市场的产权定价和交易功能。目前，全国各区域股权交易市场快速发展，挂牌企业已三万多家。不过区域产权市场体量小、流动性有限，如可利用新三板这样的全国性市场实现非上市国有资产证券化，将更有利于价格发现、交易规范，同时可以为场外市场增加上市企业的数量。

"空中加油"第二部：债转优先股

依照银行传统的信贷资产风险处理习惯，往往会进行顺周期操作，即在经济上行甚至过热时增加信贷，而在经济低迷需要资金时反而收紧信贷甚至提前收回，这样会加剧经济波动，甚至延缓经济复苏，造成更大的金融风险，伤害经济恢复和金融恢复能力。

在中国经济进入新常态阶段，在转换经济增长动力、消化前期刺激政策副作用的阶段，银行应在去杠杆的历史阶段中发挥积极作用。为此，银行要建立逆周期操作机制，对信贷企业客户进行未来发展与转型能力的分析判断，一是可以适当延期或利息减免，让企业发展，避免债务危机恶化导致经济危机和发展危机；二是可以将不良资产进行隔离处置；三是将银行信贷债务部分转为优先股。具体而言，当信贷企业经营发生临时性困难时，如果在资金方面有所改善即可实现发展并偿还债务，银行可以将持有的债权转化为优先股，既可避免因银行抽贷导致企业经营难以为继，也可化解企业信用风险成为银行坏账。

对于银行而言，债转普通股需要银行派董事管理企业，这不是银行所擅长的，实践上较困难。优先股制度作为金融创新，对于破解企业融资难题、拓展新的投融资渠道具有积极意义。所谓优先股就是利润分红和剩余资产分配权利优先于普通股，相当于有固定股息的类似债权的股权，但无权投票参与企业经营，即通常具有固定的股息（类似债券）。优先股股东一般不参与公司的日常经营管理，不参与股东大会投票；而且优先股也可以在二级市场转让，其股价波动往往小于普通股。优先股股东不能要求退股，但可以依照优先股股票上所附的赎回条款，由股份有限公司予以赎回，且大多数优先股股票都附有赎回条款。

"空中加油"第三部：贷转债

"空中加油"第三部即贷转债，就是将利息较高、挤占企业利润的银行贷款置换成较低利息的债券。在此方面，目前我国地方债的置换已经比较成功，为企业部门的贷转债提供了可资借鉴的经验。

（一）发展贷转债的原因及条件

1. 政府鼓励发展直接融资

"十三五"规划建议明确鼓励发展直接融资。中国人民银行行长周小川很早就发表过关于多层次资本市场的论述，强调要让直接融资和间接融资共同分担经济中的风险。如果完全依赖间接融资，将来债务风险或者坏账主要集中在银行体系，比较难以消化。现在很多经济转轨国家，如匈牙利，一直认为融资渠道应以银行体系为主，目前就遇到很多困难，其消费贷在匈牙利货币对欧元贬值以后造成了很大损失。

2. 中国债券市场发展空间巨大

中国的债券市场拥有巨大的发展空间。2004 年的数据显示美国占全球债券市场规模的 57%，日本占 17%，欧洲占 23% 左右，而包括中国在内的新兴市场只占全球债市规模的 3%。中国的 GDP 已经是全球第二位，但是债券市场规模还不到日本的 1/5。周小川行长在学习"十三五"规划建议的文章中指出，到 2020 年中国债券市场规模大约是整个经济规模（GDP）的 100%。目前中国的经济规模大约是 70 万亿元，到 2020 年预计将达到 100 万亿元，按照上述设想，届时中国债券市场规模也是 100 万亿元。而截至 2015 年末，中国债券市场规模是 48 万亿元，那么还有 50 多万亿元的缺口，意味着中国债券市场规模还要再翻一番。怎么翻一番？我们提出的设想就是贷转债。

（二）贷转债的作用

中国当前银行贷款利率是 5% 到 6%，而企业发债利率在 3% 到 4%，10 年期国债利率已经在 3% 以下，这就意味着企业融资从银行转到债市，其利率会降低 200BP 左右。

同时，银行贷款往往是 1 至 3 年期，而债券的期限往往是 3 到 5 年甚至 10 年，这样的期限结构对企业发展更加有利。

贷款很难流动，而债券是标准化、流通性较强的金融产品，可以根据信用等级进行市场定价，更好地让市场起决定作用。企业把银行贷款转为债券，可以提高债务资产的流动性，同时促进企业加强信用体系建设和金融市场创新。

（三）贷转债的具体操作建议

第一，自 2008 年以来，企业的银行贷款从 30 万亿元迅速增加到 2015 年 8 月份的 91 万亿元，其中超过 33 万亿元为中长期贷款。若能将中长期贷款的 30% 即 10 万亿元转化为直接融资形式的公司债或企业债，就能有效降低企业的融资成本，预计每年可以为企业节省利息约 2000 亿元。不过，这会减少银行的业务和利润——目前银行业利润每年为 2 万亿元左右。因此建议用 5 年左右，也就是在"十三五"期间，每年将 2 万亿元贷款置换为债券。实体经济得到长期稳定发展，银行体系也能拥有一个更加稳健的发展环境。

第二，将企业债发行的级别从原来最低为 AA– 级，扩展到 A+、A

和 A- 级别，提升市场对风险信用风险的容忍度，打破刚性兑付。

第三，扩大直接融资的主体范围以改善企业融资难的状况，完善银行信贷资产和债券市场资源配置流动的机制，构建多层次的企业融资体系。

第四，提高信用评级体系的监管和行业自律水平，要保证信用评级结果能客观反映债务人的风险水平。

第五，完善市场的风险定价机制。高风险一定要对应高收益，发挥市场优胜劣汰的功能。

过去十年，中国经济已经造就了债券市场发展的奇迹，未来一个与 GDP 规模相当的债券市场也完全有可能达到。希望借助"空中加油"三部曲，债券市场能够再次迅速发展，同时助力中国经济平稳进入新常态。

（本文原载于《债券》2016 年 4 月刊）

中国经济前景展望

任泽平

在去年的中央经济工作会议和今年的"两会"上，中央提出未来改革以供给侧改革为主线。随着供给侧改革破冰，中国经济转型将会迎来曙光，也将会为资本市场开启一个新的时代。

经济 L 型：中国已永远告别了人口红利带来的高增长

"二战"以来，世界上有 100 多个后发经济体，在过去的 70 多年展开了姿态各异的追赶，但是最终跨越中等收入阶段而跻身发达经济体俱乐部的有多少呢？ 12 个经济体，成功的概率是 10%，90% 的后发经济体要么没有起飞，要么止步在中等经济收入阶段。跨越中等收入阶段正是中国现在所面临的挑战。

收入的跨越只是表象，背后更深层次的是增长动力的转换，由要素驱动到创新驱动，由重化工业到高端制造业和现代服务业，真正难的是

本文作者时任方正证券首席经济学家。

这个。而更难的是，增长动力的转换需要新一轮的改革开放。

中国过去高增长的根本原因是什么？简单来讲，是制度和人，就是改革红利和人口红利。

改革红利。在 1978 年、1998 年，即中国经济的两个低谷，中国启动了两轮改革开放。2013 年十八届三中全会以来，我们正在重启第三轮改革。

人口红利。关于人口的第一个关键数据是，1962 到 1976 年是中国人口出生高峰，随后因为计划生育，在 20 世纪 70 年代末中国人口出生率出现断崖式下降。在很长一段时间，1962 到 1976 年出生的这一批人是中国的主流人群，他们决定了中国经济增长和经济结构的主要特点。中国过去的高增长，就是这一批人干出来的；过去十多年是中国房地产市场的黄金十年，就是这一批人在买房；最近大户型卖得好，也是这一批人在换房。那么问题来了，1962 到 1976 年出生的这一批人现在多大年龄？四五十岁。也就意味着再过六年，中国主流劳动力人群将会退出劳动力市场，中国将会告别传统的人口红利。2012 年中国 15~59 岁的劳动年龄人口已经开始出现减少，2008 年前后刘易斯拐点出现，农民工工资这几年加速上涨，出口告别了高增长的时代。中国经济过去高增长的核心是两大引擎，即外需的加工贸易和内需的房地产，现在我们看到第一大引擎正在消失。

关于人口的第二个关键数据是，人口出生增长率的低点是在 1994 年出现的。很多研究表明，人口出生周期领先于房地产周期 20 年，如果我们在 1994 年看到了中国人口出生的低点，那么大家将会在 20 年以后看到中国房地产投资的大拐点。2014 年中国房地产投资从年初的

19.3%一路下滑到2015年底的 −1.9%，下滑程度甚至超出了经济危机时的水平。

2014年发生了什么？我给大家报三个数：第一个数据，2014年中国20~50岁买房人群开始出现净减少。美国、欧洲、日本包括中国的经验表明，20~50岁人群是买房主力，20岁之前没能力买，50岁之后不需要买。20~35岁首次购房，35~50岁改善型住房。第二个数据，城镇户均一套，除了一二线城市还有需求以外，绝大部分三四线城市都饱和了，而三四线城市房地产投资占整个中国的70%。第三个数据，1978年中国城镇化率17.92%，2015年中国城镇化率56.1%。而且我们还要考虑到，中国有2.77亿的农民工，如果加上他们在农村留守的子女和老人的话，按照家庭计算，中国的城镇化率已经接近甚至超过60%。

随着人口红利的结束，加工贸易的退潮，房地产投资大周期拐点的出现，重化工业的落幕，中国经济将告别高增长时代，进入中高速增长阶段。

房地产：长期看人口，短期看金融

判断房地产周期就是一句话，长期看人口，短期看金融。短期因为利率、首付比的调整，使得居民提前或者推迟购房支出。

长期看人口，人口流入的地方房价一定是涨的，人口流出的地方长期房价肯定是涨不动的。那么未来中国人口往哪里流动呢？对这个问题实际上一直有争议。

我们研究了美国、日本、韩国、欧洲等十几个经济体后房地产时代人口流动的趋势。这里重点介绍美国和日本，因为这两个经济体有代表性，美国是人地关系不紧张，日本是人地关系紧张。过去几十年，即使在美国这种人地关系不紧张的国家，它的大都市圈人口的占比是在不断提升的，日本也是如此，人继续往大的都市圈进行迁移。

中国是一个什么情况呢？过去5年，从东北、西部往四大都市圈进行迁移，即京津冀、长三角、珠三角和川渝。

什么地方的房价会涨？人口流入、库存低、销售快、库销比低的，如合肥、苏州、南京、深圳、济南、武汉、上海、大连、杭州、北京等城市。

什么地方的房价涨不起来呢？库存高、人口流出、销售慢、库销比高的，这些地方房价是涨不动的，如北海、呼和浩特、三亚、兰州、乌鲁木齐、沈阳、长春等城市。

货币宽松救不了中国经济：出路在供给侧改革

2014—2015年，中国货币增速较快，希望能通过货币宽松提振经济，但是效果不明显，反而使得股市、房市、螺纹钢等先后出现暴涨。毫无疑问，货币宽松救不了中国经济，那么中国的出路在哪里？出路就在于去年中央经济工作会议提出来的供给侧改革，五大任务，即去产能、去杠杆、去库存、降成本、补短板。

那么去产能是去什么的产能呢？我认为关键是去国企的产能，因为在民营企业扎堆的地方，早就市场化出清了。浙江是一个民营企业扎堆的地方，在2008—2009年率先受到冲击，但是这几年在积极地转型，广东也是如此。但是我们看到国企扎堆的地方，像东北、西北，现在面临着转型的阵痛。所以去产能关键是去国有企业扎堆的那些地方行业的产能。

去杠杆是什么呢？我们可以看一下中国几个部门的杠杆率。中国政府的杠杆率在世界上是不高的，或者坦率地说，中国政府是世界上资产负债表最好的政府，我们有 4 万亿元的财政存款，3.2 万亿美元的外储，而且土地、资源都是国家的。中国居民的资产负债表也不错，杠杆率也不高，但是中国的社会保障没有完全建立起来，所以我们很多的储蓄是保障性预防性的储蓄。

那么中国杠杆率最高、债务最高的是哪个部门？是企业，尤其是实体企业。但是企业是什么？企业是这个国家创造就业、创新、创造经济增长的主体。我们的实体企业背负了巨大的债务，这就是为什么过去这几年中国经济持续低迷的重要原因。未来这个杠杆怎么去化呢？我们认为应该由政府把它背过去，美国当年搞 QE 就是政府帮助企业把杠杆背过去，恢复实体企业的再出发能力。

中国未来三十年的成功，将是服务业开放的成功

中国的增量在哪里？中国的希望在哪里？我认为未来中国最具潜力的地方就在消费和服务业。当大家有车、有房以后，当中国的住行消费升级高潮过去以后，大家未来要买什么？买健康、买快乐呀。所以中国的消费和服务业将会迎来大发展。我们可以看到，韩国、美国这些经济体，都出现了工业化时代结束以后消费和服务业的大发展。

具体是哪些行业呢？金融、保险、商务、软件、信息、科研、休闲娱乐、教育、医疗。这些行业未来都是好的，都是长期来看好的赛道。所以我们对中国的服务业做了一个前景的预测，中国服务业和消费未来有很大的潜力。

但是，我们很遗憾地观察到，当前中国的服务业在全球来看还比较落后，中国的货物贸易有巨额的贸易顺差，但是中国的服务业贸易有巨额的贸易逆差，中国居民一年海外旅行支出超 1 万亿元。

为什么中国的服务业竞争力这么低呢？大家可以看中国各行业投资的所有制结构。在制造业，国有投资比重只占 10%，80% 到 90% 是民营企业和外资企业的投资；在服务业，60% 到 80% 是国有投资。因此，中国过去三十年的成功，是制造业开放的成功。中国未来三十年的成功，将是服务业开放的成功。

（本文原载于《债券》2016 年 8 月刊）

解码中国高负债

屈宏斌　马晓萍

近来有不少市场人士认为我国的债务／GDP 已经达到临界值，并可能会引发系统性风险，致使经济增长脱离正轨。对此，笔者并不认同。这种简单地将中国的债务与 GDP 之比同其他国家进行比较的方式有失偏颇，因为债务率本身是多重因素共同交织的结果，需要从正确的角度来理解。

高负债是潜在危险还是杞人忧天

随着今年前几个月经济数据显示企稳迹象，市场此前对经济放缓的担忧开始让位于对高负债的忧虑。部分市场人士认为，鉴于中国目前的债务／GDP 已达 250%，这一水平过高且可能进一步引发更严峻的问题，因而建议政策制定者不应（或不能继续）实施宽松政策来支撑经济增速，因为继续宽松只能加剧债务负担，因而不可持续。一部分人甚至

本文作者屈宏斌时任汇丰银行大中华区首席经济学家；马晓萍时任汇丰银行中国宏观分析师。

认为,继续加杠杆将导致所谓的"明斯基时刻",届时贷款人将选择退出,从而导致流动性紧缩。

这些担忧未免夸大其词。要理解我国的高债务问题,应将其置于我国高储蓄率以及股权融资欠发达这一背景中来看待。通过分析研究债务累积、储蓄率以及金融体系结构之间的关联,笔者的结论是:如果将我国融资结构的特殊性考虑在内,目前看似较高的债务水平,其实质上并没有达到过高的程度。这就意味着在宏观经济政策方面,仍有执行宽松货币政策和财政政策的空间。此外,到目前为止,政策偏宽松并未加剧产能过剩的既有问题,因此"政策宽松意味着放弃改革"这一观点并无依据。结合实际,鉴于目前通缩风险仍可能存在,及时的政策应对措施无疑有助于抑制债务通缩风险并支撑经济增长,从而有利于供给侧改革的顺利推进。

我国债务规模究竟有多大? 笔者估算,截至 2015 年,我国债务规模／GDP 为 249%。债务规模中包括 8770 亿美元的外债(根据国际清算银行数据),其余均为国内债务,主要集中在企业(尤其是国企)部门。如果只统计政府负有偿还责任的债务,那么截至 2015 年末,政府债务／GDP 为 44%。如果将政府的或有负债也包含在内,则政府债务／GDP 约为 64%。但即便是按照后者的统计口径来看,政府负债总体仍属可控范围。在这一结构基础上,笔者认为我国的债务总规模并不高。因为一个经济体的负债水平在很大程度上与金融中介的活动是分不开的。经济增长需要信贷支持,而融资结构的差异在债务累积速度上会起到非常重要的作用。在中国,有两个因素需要考虑:一个是高储蓄率,另一个是股权融资欠发达。考虑这两个因素,中国的整体债务水平相对正常。

关于我国债务水平的几点分析

（一）高储蓄率必然带来高负债

从个体企业和家庭的微观角度来说，更多的储蓄意味着借贷需求更少。但宏观意义上的含义却有所不同，因为储蓄和借贷活动并非在经济体的各部门均匀分布。我国的家庭部门为净储蓄者，而企业部门为净借贷者。家庭部门的高储蓄率意味着更多的储蓄盈余可以转化为企业部门的投资，这一转化过程除非通过股市实现，否则就会导致借款人积累更多的债务。正因为如此，储蓄成为现代经济增长理论的一个重要变量。高储蓄通过快速动员资源为投资增长提供融资，进而加快经济发展的步伐。

笔者用国际清算银行（BIS）的非金融负债数据考察储蓄率与债务占比之间的关系，涵盖所有被 BIS 列为"新兴市场"的国家。通过研究发现，储蓄率与债务／GDP 之间存在正相关关系，相关性程度因样本规模而有所不同，但正相关性自身很稳健。回归分析结果也显示，总体国民储蓄率每提高 1 个百分点，总体债务／GDP 就会提高 3.6 个百分点。基于这一相关性，中国的债务／GDP 与其高储蓄率基本一致，因此属正常情况。

上述分析中并没有涵盖发达国家，主要是出于两方面的考虑。一方面，大多数发达国家的情况是债务水平较高而储蓄率较低；但这也许是不同经济发展阶段的结果。许多发达市场（如日本），在其发展阶段的储蓄率也较高。另一方面，这些国家的债务结构也不相同，因而政策含义不同。不少发达市场同样有较多的政府债务，尽管在大部分情况下并不会直接抑制这些国家的借贷能力（部分原因是这些国家的货币曾经或依然是储备货币），但至少在一定程度上影响了财政扩张政策的实施。

（二）融资方式与高负债相关

在特定经济增速水平下，融资方式的选择是金融体系结构的反映。比如我国 2015 年的融资结构中，95% 为债务融资，股权融资仅占不到 5%。要使股市成为更重要的融资渠道，需要对股权融资体制进行重大改革。在没有足够发达股市的背景下，经济增长仍需通过债务累积的方式（银行贷款和债券）获得融资。笔者所做的融资结构对债务率影响的回归分析结果显示，股市增长与债务率上升呈负相关关系，即股市增长越快，债务累积越慢。

鉴于该数据集为长时间的面板数据，笔者对数据集进行一阶差分来消除不平稳性，这意味着相关系数的绝对大小不如相关性的方向更有意义。此外，考虑到要检测的是股市发展和债务比率的相关性，因而股市市值/GDP 并不是一个完美的解释变量（主要是因为波动性较大）。尽管有这两个附加说明，但回归分析的结果仍与笔者预期一致。另一种回归分析仅使用 1999—2007 年的数据，避开了亚洲金融危机和 2008 年全球金融危机期间，因为这两段时期大部分国家股市市值占 GDP 的百分比降至个位数。剔除两次金融危机的回归分析结果显示，相关系数大概是原先的四倍。

（三）基建投资推高单位 GDP 信贷强度

近年来我国资本回报率明显下降，引发了市场关于我国债务效率的担忧。毕竟，目前贷款余额增速为 13% 左右，而名义 GDP 的增速仅为 7%。2015 年每生产 1 单位的 GDP 大约需要 3 个单位的信贷支持，而在金融危机前的 2007 年，需要的信贷支持不过 0.8 个单位左右。很多市场观察人士由此推断我国的债务、投资效率低下，难以持续。笔者对此并不认同，因为上述观点忽视了我国投资结构所发生的巨大变化。

我国经济增长的驱动力已经从劳动密集型的出口转变为资本密集型的投资，这自然会增加单位 GDP 使用的资本规模。投资对 GDP 的贡献已由危机前（2005—2007 年）的 37%，上升到危机后（2010—2014 年）的 46% 左右。尤其近年来，基建投资作为主要的逆周期调节工具在经济增长中发挥了更加关键的作用。如果将我国基建投资在固定资产投资中的比重与每单位 GDP 所需信贷支持之间关系进行分析，发现二者呈现明显的正相关关系。这是因为基建投资的投入大，初始回报率低，投资周期长。简单从投资回报率的角度来说无疑较为低下。但基建投资对经济有巨大的外溢效应，包括降低其他部门的生产、运输成本，提高经济整体的生产效率等。根据估算，2014—2015 年间，我国修建的铁路、公路等交通类基础设施，除去其自身对投资的直接贡献之外，在未来 5 年内会产生约 3% 的 GDP 外溢效应。世界银行在全球范围内也有类似估算，即基础设施类的资本存量每上升 1 个百分点，对其他行业的总产出外溢效应大约为 0.1 个百分点。

政策宽松与改革并不矛盾

债务是现代经济发展的重要组成部分，因而对于新兴市场走向繁荣之路至关重要。然而，很少有人尝试在理论或实证框架中对这一问题进行研究。这在很大程度上是因为债务问题并不适合标准的经济理论。近年来，市场已经从对金融关联度的关注上升到对系统脆弱性的担忧，并试图以实证方法来看待这一问题。但即便是那些最具影响力的研究，其结果一般也仅限于政府债务，结论也非常明确，即较低的负债通常有利于金融稳定，其政策含义大多模棱两可。

笔者则通过量化分析来考察，当考虑到中国经济的一些特殊性，如高储蓄率、金融市场尚在发展之中等因素后，我国的债务率是否还是异常高企。而结论是，中国负债率其实并不算高。虽然就部分行业和企业而言，高债务可能潜藏着金融风险，但整体而言，鉴于我国的高储蓄率和相对欠发达的资本市场，负债率仍属正常水平。其中的政策意义是，政府仍有实施相对宽松货币政策和财政政策的空间。而某些人所担心的政策稳增长或将延缓改革进程实际上并无数据支持。

事实上，政策宽松有利于遏制债务通缩风险，从而可以创造平稳增长的条件，有助于推动劳动力和资本资源从非生产性部门进入生产性部门，有利于供给侧改革的实质推进。

与其过度担心中国的债务水平，不如将关注点放在如何避免经济失速，因为保持适当的名义经济增速才是应对高负债问题的良策。短期的最大挑战是经济增速放缓而不是债务水平或结构性问题。监管部门正积极推动包括加快国企重组等政策的落实来降低经济和金融风险。同时，积极的宽松政策仍是稳增长的关键。政策制定部门仍有充足的货币和财政政策空间来支撑经济增长。尽管近期食品价格上涨引发了对于通胀的关注，但供给侧冲击与需求侧拉动的通胀不同，今年全年通胀压力仍然温和可控，因而货币政策仍有进一步宽松的空间。预计到2016

年底会降息 50 个基点、降准 350 个基点。积极的财政政策在稳增长方面将发挥更大的作用。随着二季度财政资金加速到位（如地方政府债务置换和金融债发行），预计经济企稳有望持续。

（本文原载于《债券》2016 年 6 月刊）

落实分红权改革　市场化处理危困企业

——专访周放生

《债券》：企业是经济的细胞。当前我国正在推进供给侧结构性改革，这对于企业意味着什么？

周放生：什么是供给侧？我的理解是企业提供供给，因此供给侧改革的本质是企业改革。目前在很多领域产能严重过剩的形势下，企业改革最关键是做好"加减法"。加法主要是激励，激励员工给企业创造更多价值；减法主要是做好危困企业的处理工作。

《债券》：企业改革应当如何做好加法，激励企业员工？

周放生：供给侧改革的本质是调整人和人的关系，物的关系背后是人的关系，企业改革也就是要处理好企业中人的关系，调动起人的积极性。

如何实现呢？主要方式就是采取分红权改革，将企业利润中的增量部分拿出来，按一定比例分配给经营管理人员、业务骨干、科技人员

周放生时任中国企业改革与发展研究会副会长。

等骨干员工，由员工和股东共同分享。

分红权改革的本质是什么？是共享制。中央"十三五"规划提出共享的理念，这是一个现代的理念。分红权改革让广大企业员工跟企业股东共同创造企业价值，共享企业利润和收益。这对传统观念是颠覆性的——传统观念是谁投资谁受益，共享理念应该叫作按资分红与按劳分红相结合。企业的价值既有资本带来的，更有劳动带来的，尤其是高科技企业，很多价值是由高科技人员的劳动、创造带来的。

《债券》：说到分红权改革，我们注意到今年以来，《国有科技型企业股权和分红激励暂行办法》《关于国有控股混合所有制企业开展员工持股试点的意见》等文件陆续出台，有望推动分红权改革在国企中的实践。分红权改革能够起到什么样的作用？

周放生：分红权改革的启发来源于民营企业，全国大概有一万多家民营企业实施了分红权改革。根据我的调查，凡是采用了分红权改革的民营企业，实施一段时间后利润普遍增长 30%~80%，少数企业利润翻番。这些企业利润的增长是在产能严重过剩的大环境下逆势实现的，涉及行业包括餐饮、制造业、高科技等各行各业，几乎覆盖了主要竞争性行业的各个领域。

企业利润从哪儿来？竞争这么激烈，产品和服务的价格不可能提升了，主要就是降成本。

《债券》：降成本的作用是通过分红权改革如何实现的？

周放生：分红权改革降成本的作用，体现在几个方面。

一是减少腐败。原来企业中吃回扣是普遍现象，谁给的回扣多就从谁那里进货。现在不吃了，因为企业把"前门"打开了，再吃回扣吃的是员工自己的收入。因此分红权改革从体制机制上做到让企业员工不敢腐、不能腐、不想腐。

二是减少浪费。我在工厂的时候，做珐琅盘毛坯的工人工资只有几十块钱，干活稍微不留神出个废品，其成品价值就有几百块钱。如果在规定的废品率以内再减少废品，把产品价值的哪怕 5% 奖励给工人，就是了不得的收入。把企业生产经营过程中跑冒滴漏方面的浪费降下来，是最大的降成本空间。

三是减少冗员。一个店定员 50 人，结果店长把老家亲戚朋友的孩子招进来又不怎么干活，员工互相之间闹矛盾。现在将多余人员减下来，人工成本变成利润，大家共享。

四是降低投资失误。现在企业投资失误比比皆是，一些项目可行性报告实际是项目可批性报告、"钓鱼"报告。项目团队最清楚项目的情况，如果要求项目团队必须出资，把项目团队利益与项目利益挂在一起，项目团队就有动力降低成本，提高项目成功率。

五是降低管理成本，防范代理风险。西方市场经济国家里，公司治理一直面临委托—代理的矛盾，为此设计了各种制度，但是都没有找到根本性解决问题的办法。中国人在 300 多年前就智慧地设计了一种非常符合人性的"身股"制度，解决了这个矛盾。这可以追溯到 300 年前山西晋商票号（钱庄），总部在山西，分行（分号）分散在全国各地，由掌柜子（代理人）掌管。由于距离遥远，如何让掌柜子好好干活、避免卷款外逃，是当时东家（股东）最大的担心。为解决这个难题，东家将股份分为"银股"和"身股"两种：出资的老板拥有"银股"，不出资的掌柜子和伙计享有一定的"身股"，参与经营、管理和分红。一个分号年终利润的60%归"身股"，也就是由不出资的掌柜子和伙计分享。这样的制度安排使得掌柜子和伙计成为利益共同体，都有动力好好干活，同时互相监督。这样经营的结果，是当时钱庄坏账率只有千分之一，堪称奇迹，至今全球各家银行都很难将风险控制做到这种地步。

自从2015年中央工作会议提出"三去一降一补"（去产能、去库存、去杠杆、降成本、补短板）以来，降成本就成为国企改革中的一个热门话题。但是，一说降成本，人们就习惯性地盯住降工资，以为降工资就可以直接降成本。功效挂钩看上去似乎是有道理的，但不能从根本解决问题，事实上许多企业越降越亏，越降越没有积极性，直至破产，因为企业亏损大多数干部职工是没有直接责任的。而分红权改革是减少腐败、浪费、冗员和投资失误最简单有效的办法，降低总成本，是靠加法实现减法。

降成本是目前供给侧改革边际效应相当大的地方。根据我的判断，民营企业降成本的空间大约有10个百分点，国有企业降成本的空间是10到20个点。

《债券》：国有企业改革过程中，如何防止国有资产流失一直是关注的话题。对此您怎么看？

周放生：改革有一个探索的过程，法律有一个完备的过程，改制企业大多数是规范的，改制后的效果也是好的。对于国有资产流失，首先要搞清楚什么是流失，流失跟改革什么关系。实际上改革当中必然会出现流失。只要规范运作，大的流失是可以防止，小的流失永远有，这是改革的成本。不改革天天在流失，会产生更大的流失。人们容易关注交易过程中的流失，而忽视改革停滞所造成的更大流失。不能因此影响国企改革的推动。

企业价值既有资本带来的，又是劳动创造的。我们应该承认分红权改革，使广大干部员工分享增加的利润，这不是国有资产流失。

《债券》：分红权改革可以调动员工积极性，是否意味着国企问题就能解决？

周放生：如何调动广大员工的积极性，这是企业发展的内因。如果是产能过剩、产品销售不出去，这涉及企业的转型、升级，那就非常复杂了。分红权改革并不包治百病，它只是一个突破口。通过这个把现在存量的问题解决了，发挥出人的潜质，让员工能够共享自己的劳动成果，解决企业主人缺位的问题。

在当下中国面临的产能严重过剩大背景下，出现了一批身处困境的危困企业。刚才说企业改革除了要做加法，还要做减法，减法主要就是做好这些危困企业的处理工作，用市场化方式依法治僵。

《债券》：什么是市场化方式依法治僵？

周放生：市场化方式是与行政方式相对的。过去企业改革、产能出清大体采用的是行政方式办法，比如债转股、政策性破产、下压产能指标、定压产能进度。到今天，这些做法仍然有很强的历史惯性，比如很多省份制定了削减产能的指标、员工安置的指标，这不是市场经济的方式。这么多年来的改革实践证明，行政干预只是一种方式，但并不能最终解决经济面临的问题。

这次经济结构调整，应逐步由行政方式向市场方式转换，途径就是《破产法》。

《债券》：也就是说您前面提到的依法就是指依据《破产法》，依据《破产法》治理危困企业是怎样操作的？

周放生：《破产法》是资源重新配置的一种好方法。2007年我国开始实施新的《破产法》，其最大特点就是引入了国际上通行的"破产重整"的概念。对企业来说，当经营困难、无法偿还到期债务时，企业可以主动申请破产，进入破产保护，这样银行暂时就不能收贷了。在这个过程中企业还可以正常运营。

进入破产程序后，需要判断企业是否还有维持的价值，没有价值的企业就进行清算、市场出清，企业关门、职工安置；有价值的企业就可以重整，依据破产管理人制度引入财务顾问、中介机构，制定重整方案，使债权人、债务人、股东等各方面达成妥协、实现"再生"。

企业破产重整在国内外都有成功案例。2008年美国金融危机期间，花旗银行、通用汽车公司都经历过破产，两家企业现在不是都好好的？在国内，受金融危机影响，央企上市公司中核钛白连续亏损已经成为ST股票，大股东也救助过，但越救越亏，职工生活困难，成为危困企业。最后经历破产重组和改制，员工告别体制内身份，企业竞争意识提高，各方利益达成平衡，实现了浴火重生。中核钛白的案例被拍成纪录片《绝境求生》，成为《破产法》的启蒙片。

《债券》：《破产法》对于治理危困企业有如此好的成效，但目前似乎这种方式推广范围并不广泛，原因何在？

周放生：从观念上看，现在各方面还主要停留在对老《破产法》的认识，不知道破产重整的概念，听到要破产都极为惶恐，认为破产就是企业完蛋了，职工失业了。

作为处置危困企业操盘手的地方政府，也习惯于使用行政方式，但事实上行政方式不符合市场规则，造成了不公平，例如，给有的危困企业"输血"，有的不"输血"。还有行政式的兼并重组，强迫好企业兼并重组困境企业，本来希望"一帮一、一对红"，但从实际情况看事与愿违，很多好企业反而被拖垮了。

另外，部分法官对审理《破产法》案件的经验不足，而且现行法院的考评制度主要以审理个案数量为考评指标，审理破产案件比一般民事案件更耗时耗力，这使法官更愿意选择审理一般性民事案件。应当要求各地方法院成立破产审判庭，并在考评制度上有所区别。

中介机构，包括评估、审计、法律、财务顾问等专业机构，是发挥市场作用的重要力量，现在中介机构也是经验不足，需要将更多力量和资源投入到破产重整的行业中来，需要学会如何做破产管理人、如何制定破产方案。

《债券》：根据媒体报道，债转股方案近期有望出台，这也是国企改革推进的重要步骤。对此您如何评价？

周放生：如果很多企业争先恐后想做债转股，这不是好现象，简单的债转股实质上会鼓励企业盲目扩张、盲目借贷和逃避责任，严重侵犯债权人的利益、银行的利益、储户的利益，加剧道德风险。1998 年的债转股改革是有"拨改贷"等特定历史背景的产物，这一轮改革不能简单照搬。处置危困企业的动力机制应该建立在"市场倒逼、政府引导"的基础上，重视用市场方式进行资本重整，在破产程序以内做债转股。事实上从媒体报道来看，本轮债转股方案确实在强调要遵循市场化原则、法治化原则。

《债券》：破产重整是否能起到化解过剩产能、实现市场出清的作用？

周放生：只要依据《破产法》，在破产程序下进行的清算和重整都能起到去产能作用。

进行清算的企业无疑可以去产能，而且比行政关停效果更好，因为清算后资产都变现了，人员遣散了，不可能再死灰复燃。

重整也可以去产能，因为去产能不是简单的减法。重整过程中，重组方会对被重组方进行市场判断，淘汰一些高污染、高能耗的落后产能，投入符合环保要求和能耗标准的新设备，这实质上也是市场重新配置资源的一种方式。

（本文原载于《债券》2016 年 9 月刊）

公共财政与我国新型城镇化发展

贾康

城镇化是我国经济社会成长的有力引擎和潜力源泉

改革开放以来的 30 余年, 我国坚定贯彻以经济建设为中心的基本路线, 积极调整工业化、城镇化发展方略, 工业化、城镇化加速发展, 取得了巨大的成就, 有力地支撑了经济 30 多年的高速增长。我国城镇化率以每年约 1% 的速度增长, 2011 年人口城镇化率已达到 51.27%, 城镇常住人口首次超过农村人口, 达到了 6.91 亿人。城镇化水平的一路上升是前面 30 余年我国经济增长的重要内生因素之一, 支撑了近年来年均 9.8% 的 GDP 增长, 未来仍有继续支撑经济增长的巨大潜力。

根据揭示工业化以来市场经济条件下城镇化演进一般趋势的诺瑟姆(Ray M.Northam)曲线(见图 1), 城镇化率在达到 30% 之后开始加速, 达到 70% 之后趋于平稳, 城镇化率在 30%~70% 的区间为加速发展期。

按此经验曲线, 我国的城镇化正处于上升最快的发展阶段, 其所代

本文作者时任财政部财政科学研究所所长。

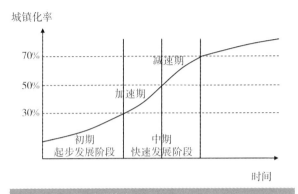

图 1 城镇化率的演进轨迹

表的"弥合二元经济"的成长过程，已经并将继续释放出中国这个世界第一人口大国的巨量需求，并可得到 WTO 框架下全球市场有效供给的回应，形成继续支撑中国经济高速增长的大循环。城镇化所蕴含的人口高密度聚集、人力资本培养、收入提高、消费提升，进城农民生活方式和社会地位的"市民化"改变，以及基础设施和公共服务的不断升级换代等，将成为我国经济增长和社会发展的持久内生动力。从国际经验看，城镇化作为现代化的必然要求和主要标志之一，要在城镇化率达到 75%~80% 甚至更高时，其增长率才会明显趋缓，那么今后伴随着中国现代化进程的推进，城镇化水平的较快提升至少还有 20 个百分点的巨大空间。如考虑到目前城镇常住人口中还有 1 亿多人实为未取得户籍、未完成市民化、不能享受与户籍人口均等化基本公共服务的社会成员，则中国目前的真实城镇化水平应在 35% 左右，未来的提升空间还要更大些，对于支持经济长期高速增长的后劲更强。

因此，总体而言我国经济社会仍处于加速发展的重要战略机遇期，城镇化可以说是支持我国经济持续增长的最重要的潜能与动力源泉。自从"十五"规划第一次把"积极稳妥地推进城镇化"作为国家重点发展战略并第一次把"工业反哺农业，城市支持农村，加大对'三农'的支持力度"作为城镇化的目标以来，城镇化在国家规划中的地位不断提升。

"十二五"规划明确提出，"积极稳妥推进城镇化，坚持走中国特色城镇化道路"，"把城镇化发展战略放在经济结构战略性调整的重要位置上"。党的十八大报告，又进一步强调，"坚持走中国特色新型工业化、信息化、城镇化、农业现代化道路，推动信息化和工业化深度融合、工业化和城镇化良性互动、城镇化和农业现代化相互协调，促进工业化、信息化、城镇化、农业现代化同步发展"。国家层面上高瞻远瞩的现代化战略定位和新型城镇化概念的提出，成为我国工业化和城镇化快速发展的指导方针，也为解决我国改革发展进入"黄金发展和矛盾凸显相伴"时期所暴露的一系列经济社会矛盾，提供了重要着力点。积极稳妥地推进以"市民化"为核心的新型城镇化，对于加快现代化进程，支持结构调整和产业升级，弥合二元经济，实现城乡统筹发展，提振消费和扩大内需，推进基本公共服务均等化和社会和谐等，都有重要的现实意义和深远的历史意义。

以"市民化"为核心的新型城镇化，
肩负着弥合二元经济、实现城乡统筹发展的历史任务

需要强调，在我国 30 多年推进城镇化的过程中，必须高度关注的首要问题是城镇化进程中农民工的"市民化"问题。

以户籍测算，我国实际城镇化率在 35% 左右，远远低于发达国家近 80% 的平均水平，也低于一些与我国发展阶段相近的发展中国家 60% 左右的平均水平，并低于世界 52% 的平均水平。在多年城乡分隔分治的体制框架下，我国以往城镇化的基本特点是以流动就业的农民工为主体，以流动就业为主要形式，并未很好地完成农村人口向城镇人

口"落户"迁徙，也就是城镇发展其实已大大滞后于农村人口转移。要真正使进城农民"市民化"，还存在主、客观方面的诸多障碍。如何克服这些障碍，以便消除在城镇公用基础设施和基本公共服务、社会福利与保障的供应方面对于进城农民工的歧视性政策和非均等化待遇，是新型城镇化和城乡一体化、可持续健康发展的内在要求和基本逻辑。按照党的十八大提出的城镇化质量明显提高的要求，需要通盘考虑，在城乡统筹中推进城镇化与新型工业化、农业现代化的协调发展，其实质和核心内容就是以人为本的农民"市民化"。

具体考察，城镇化是一个涉及经济、社会、空间等多重因素的复杂的人口迁移过程和社会发展进步系统工程，未来几十年间，我国将有3亿~4亿人口从农村转为在城镇定居。以实现城乡一体化为目标，积极推进集约型可持续发展的新型城镇建设，同时亦促进农业现代化，才能缓解环境、资源制约，以及收入分配等方面的矛盾，促进人际关系和谐。要走出集约高效、功能完善、环境友好、社会和谐、城乡一体、大中小城市和小城镇协调发展的城镇化新路，必然要求以"市民化"为核心，即最终消除户籍制度的歧视，使进城务工定居常住人口以及农村居民，享受一视同仁的基本公共服务均等化待遇。

我国的城乡二元结构是历史原因、传统工业化发展战略和城乡分治体制的产物。改革开放以来，我国努力发展市场机制，但是在一定阶段上城乡二元结构尚无法得到根本改变，总体而言区域差距和城乡差距还一度有所扩大，"一条腿长、一条腿短"的局面制约了国民经济平稳快速发展，积累了不少矛盾并趋于凸显。以城乡统筹理念推动新型城镇化，有利于减少城镇化过程中对农民造成的权益损失，让进城农民工、农村居民能够与城市居民一样得到公平的公共福利和发展机会，最终使大量农村富余劳动力进城并真正融入城市，拥有和城镇居民同等的身份、社会地位、社会保障等各种待遇。因此，引导好中国这种以"市民化"为核心的城镇化进程，发挥城镇化红利，需要对阻碍市民化的现行户籍制度及其附属的福利制度、农村土地制度、城市社会管理、社会保障制度、城市规划体制、行政区的协调机制等一系列制度，创建条件进行相应的变革。必须在弥合二元经济的历史过程中，通过经济实力、财政实力、制度建设、经济手段和其他各种调控手段与政策措施的优化组合，走出一条伴随新型工业化、服务业升级，同时推进新型城镇化、农业现代化，而最终达到城乡一体化一元经济和谐境界的"中国道路"。

在此过程中的一个明显的现实矛盾，是在城市区域吸引人口聚集的同时，以财政为后盾的公用事业、公共服务对新入居民的有效供给滞后。仅强调理念和政策导向还远远不够，必须在"以行控财、以财行政"的财政分配中，基于客观条件的演变，着力支持上述使全社会成员共享国民待遇的这一融合过程走得尽可能快一些、平稳一些。所以，有必要专门讨论财政支持如何匹配的问题。

推进以"市民化"为核心的城镇化，
必须以一元化的公共财政作为支持后盾

我国传统体制下形成改革开放后仍有延续的城乡分治的二元经济结构，形成了以户籍制度为核心，包括二元就业制度、二元福利保障制度、二元教育制度、二元公共投入制度等在内的一系列二元社会制度体系，已产生和积累的矛盾和问题妨碍着城镇化质量的提升。随着大批农村人口进入城镇，近年来，农民工占全国非农就业比重迅速提高，如：2011 年农民工总量已达到 2.53 亿人，占非农就业总量的 50.7%，首次超过一半。但是，全国 80% 被统计为城镇人口的农民工都是流动就业，其中举家迁徙的农村人口只占 20% 左右。这 20% 举家迁徙进城就业的农民工虽已成为城镇新居民，但大都还缺少一个户籍身份的认定，他们长期在城镇从事服务业或在工厂打工，逐渐融入了城镇的社区生活，成为城镇居民不可或缺的重要组成部分，但是却因为非市民的身份，在福利、住房、教育、医疗等方面实际仍受到歧视性政策等诸多限制。

使农民工及其家庭成员市民化，需要构建统一的就业、社保、定居等制度，需要处理农民工因其农民身份形成的农地权利的合理传承的制度安排，需要解决农民工参与城市社区治理的市民权利的确认与落实等一系列问题。在户籍等问题后面的物质层面的资源配置，首先是公共服务的相应提升和公用事业的扩容。政府是城镇化的规划主体，公共财政是政府处理城镇化问题公共资源配置的主要手段，按照公共财政的内在逻辑和职能体现，消除我国财政的二元特征遗存、构建我国一元化的公共财政，是破解二元结构，走向以"市民化"为核心的城乡一体与现代化过程的重要机制支持后盾。这种一元化的公共财政应体现在以下方面：

（一）按照党的十八大报告提出的"加强对政府全口径预算决算的审查和监督"的精神，构建符合公共财政要求和透明高效配置公共资源所需要的全口径预算管理体系，在真正的"全景图"下优化"结构图"，使可用公共资源在优化配置中最充分地支持"市民化"过程

全口径预算管理（Full-Covered Budget Management, FCBM）就是要

对全部政府性收支，实行统一、完整、全面、规范的预算管理，即凡是凭借政府行政权力获得的收入与为行使行政职能所管理的一切支出，都应纳入政府预算管理范围。从公共财政建设角度来看，无论是预算内还是过去所称的政府预算外或制度外收入等，都必须纳入全口径预算管理。

2003 年 10 月党的十六届三中全会通过的《中共中央关于完善社会主义市场经济体制若干问题的决定》中，明确提出"实行全口径预算"。此后，国务院在《关于 2005 年深化经济体制改革的意见》中进一步提出"改革和完善非税收入收缴管理制度，逐步实行全口径预算管理"。随着改革的深化，我国已经初步确立了以公共收支预算（政府一般收支预算）、政府性基金预算、国有资本经营预算和社会保障预算为主要内容的政府预算体系，形成了各自相对独立又统一协调联结的有机整体。2012 年，财政部门已明确宣布"预算外资金"概念退出历史舞台。党的十八大报告，再次明确强调"全口径预算管理"的原则和要求。在此制度规范框架中，我国应乘势推进一元化公共财政服务于"市民化"的具体机制创新和法律体系建设。完整的政府预算体系是财政管理制度运行的基本平台。在这个预算体系平台上，应真正废除各级政府和部门的"自筹"和执收执罚中的"收支挂钩"制度，政府部门所有权力环节只能通过财政收入形式获得各种收入，并从事预算法案通过的活动，切断各个政府职能部门的行政、执法同其经费供给之间的直接联系，从而真正实现财政部门统揽政府收支的一元化财政，使其能够真正成为接受立法机构和社会公众委托与问责的主体。要以"全口径预算"为契机，在政府一般预算、政府性基金预算、国有资本经营预算及社会保障预算之间形成统一、对接、协调和均衡的体系，建立规范透明的资金往来渠道，必要时也可建立类似的特别预算或专门预算，从而稳步推进政府预算体系的完善与健全。全口径预算管理体系的内在逻辑，正是在建立一套涵盖所有政府收支项目的预算报表体系的基础上，结合推进预算的编制、审批、执行、监督审查的各个阶段的民主化、法治化水平，使公共资源首先真正形成"全景图"，再在越来越充分的公众参与和监督之下，形成资源配置、资金运用中以公众利益最大化为取向的"结构图"。这是包括预算法律制度规范、预算会计体系、预算权配置、预算管理的范围、预算管理模式及预算报告体系等要素在内的系统工程，也是支持"市民化"过程的最合理、最高效的公共资源配置体系。

（二）在新时期进一步强调全面协调发展，服务全局，积极消除歧视性的、非均等化的问题与弊端，不断推进基本公共服务均等化新举措的出台，最终实现基本公共服务城乡一元化体制和运行机制

在城乡之间提供大体相当的基本公共服务，是公共财政的重要职责和"市民化"必备条件。但是城乡分治下城市偏向型的公共品供给制度，已累积形成城乡差距、农村基本公共服务供应短缺、城乡公共服务不均等现实问题。尤其是，随着城镇化进程的加快，大量农村人口进入城市，而与之相关的收入分配制度、城乡经济差距、国土开发利用、环境资源开发、社会保障制度、文化教育医疗等改革措施，往往无法匹配和无力跟进，造成了农民工在城镇的非市民化现状，歧视性的、非均等化的问题表现为"半城镇化""浅城镇化"问题。这种按照人们的身份和地域，以"城乡分离式"提供公共服务的体制，需渐进消除。在推进基本公共服务均等化过程中，应积量变为质变，致力于消除二元因素，实现

城乡之间及整个国家基本公共服务的一元化，即构建面向全体国民、城乡一体、标准统一的基本公共服务体系。这种一元化是城乡居民平等享有基本公共服务和以"市民化"为核心的城镇化的制度基础和保障。

为实现基本公共服务均等化服务于"市民化"的目标，首先，需加快建设统一、规范、透明、合理、有力的财政转移支付制度；其次，应建立与经济发展和政府财力增长相适应的基本公共服务财政支出增长机制，切实增强各级财政，特别是县级财政提供基本公共服务的能力；再次，建立健全区域基本公共服务均等化协调机制和加强中央政府各部门与省级政府间的协调磋商，逐步使区域间基本公共服务范围和实际标准基本一致，推动相关制度和规则衔接，做好投资、财税、产业、土地和人口等政策的配套协调。

（三）使财政分配与国家主体功能区规划、宏观经济和区域发展、土地制度改革等实现全面的协调配合

新型城镇化的推进，涉及主体功能区规划建设、产业结构调整、农村土地流转制度、社会保障制度、户籍制度改革等方面综合的顶层规划和体制机制改革。公共财政在支持新型城镇化建设的进程中，要在规划的政策支持和体制改革等方面积极与国家"十二五"规划和主体功能区规划、国民经济发展战略、区域发展战略等国家规划，以及土地制度改革等，实现全面的协调配合。

按照国家基本公共服务体系"十二五"规划和实施主体功能区规划、区域发展战略的要求，公共财政要大力促进公共服务资源在城乡、区域之间的均衡配置，缩小基本公共服务水平差距。其中，为进一步消除相关的体制、制度和政策性障碍，增强以"市民化"为核心的城镇化发展

的动力和活力，公共财政要配合土地、户籍、投融资体制、社会保障等方面的体制改革和制度创新，提供改革所需要的基本财力保障和制度配套支持。

　　土地是城镇化的重要载体，而与之相关的重大现实问题是农村基本农田土地使用权的流转制度，以及城镇化必然征用土地的"农转非"全套制度如何合理化。已可看清：在我国农村土地的集体所有制无法与市场、法制完整匹配、路子越走越窄的制约条件下，所谓使土地"私有"的方向又至少于政治上在中国不可行，如何处理土地制度这一重大而棘手的难题，是中国统筹城乡和实现民族复兴愿景面临的巨大历史考验之一。笔者认为，未来的改革大方向，可以按照"排除法"，选择集体所有制、私有制之外的唯一余项——国有制，把必保的基本农田和其他所有土地，都纳入"国有"法律框架后，其中对基本农田确立永佃制，在非基本农田用地上则一揽子、一次性、一劳永逸地处理好宅基地、"小产权房"等历史遗留问题（物质利益补偿可以分步按合约实现），进而给予全体社会成员国民待遇，其后即有可能进入一个统一市场中土地产权的规范化、一元化状态：就是我国全部土地都是国有土地，其使用权可透明、规范地流转，凡是土地使用权流转环节上的租金，就进入国有资本预算（基本农田另行处理，实际上可不要求或象征性低标准要求务农者上交农地的地租）；凡是其流转和持有环节上应征缴的税收，就进入一般公共收支预算。生产要素包括土地要素的流转、配置，均可进入无壁垒状态。政府应专注于做好国土开发、土地利用的顶层规划，同时非农田建设用地由一套市场规则和特许权规则来调节其交易或特定用途配置。除与基本农田用地封闭式流转和发展规模化经营之外，真正把所有土地资源放在统一市场的一个大平台。这个前景，是配套于城乡统筹发展和以"市民化"为核心的城镇化历史过程的一个值得探讨的可选改革方向，如果一旦形成决策思路，公共财政理应支持其方案化实践，推进优化。

（四）使城镇化建设中的财政资金和城投债资金，在来源清晰、风险可控的原则下，相互协调、有序配合

城投债在我国城镇化发展进程中，发挥了重要的作用，大大促进了城镇基础设施的发展。但另一方面，作为单一的投融资机制，城投债又具有较大的风险性和不可持续性，在借助融资平台公司获得市场融资的渠道上，也具有一定的风险性和不规范性。

随着国家加强对信托、理财等"影子银行"业务的约束和融资平台管理，城投债融资渠道变窄，新型城镇化资金压力较大，可考虑将公共财政资金与城投债资金以统一规划、风险各担、协调有序的方式联合运用。此外，大力发展股权式融资和新型城市投资政策性银行也是联合机制的重要构成部分。当前，相关的联合机制设计还需要进一步考虑完善，但应该在一元化财政框架下来进行。

参考文献

[1] 李克强. 协调推进城镇化是实现现代化的重大战略选择 [J]. 行政管理改革，2012（11）.

[2] 贾康，刘薇. 构建城乡统筹发展的财税体制的建议 [J]. 经济纵横，2011（1）.

[3] 国务院关于印发国家基本公共服务体系"十二五"规划的通知（国发〔2012〕29号），http://www.gov.cn/zwgk/2012-07/20/content_2187242.htm.

[4] 罗宏斌. "新型城镇化"的内涵与意义 [J]. 湖南日报，2010-02-19.

[5] 李铁. 正确处理城镇化发展过程中的几个关系 [J]. 行政管理改革，2012（9）.

[6] 钱莲琳 . "全口径预算" : 健全政府预算体系的突破口 [J]. 地方财政研究 , 2011（4）.

[7] 项继权 . 我国基本公共服务均等化的战略选择 [J]. 社会主义研究 , 2009（1）.

（本文原载于《债券》2014 年 2 月刊）

税制改革的基本思路

徐滇庆

经济学理论和近年来的实践告诉我们，税收体制是一个系统工程，在进行税制改革时，要做好顶层设计、统筹兼顾，制订全面、系统的改革方案。在改革过程中，有一种说法叫作"摸着石头过河"，这是一种试错法，如果摸到了石头就往前走，如果摸不到就退回来，换个地方再试。税制改革方案出台容易，退回来难，如果进进退退，成本会很高。政府不仅要有过河的意愿，把握前进的方向，还要知道过河的途径，以最小的代价取得改革的成功。税收政策事关千家万户的切身利益，税制改革的顶层设计需要给出定量的分析。

税制改革的目标、基本思路及可行方案

（一）税制改革的目标

"十三五"时期，我国税制改革的总体目标是建成现代税收制度。

本文作者系著名经济学家。

税制改革的基本方向是由间接税为主向直接税为主转化，即由现在主要在生产经营环节征税转向后端，在收入、消费、财富三个环节增加税收分布，以此促进和适应经济转型升级、鼓励创新创业和调节收入分配。其中，个人所得税改革是直接税改革的重要内容。

个人所得税是调节收入分配最有力的工具。目前我国通过个人所得税调节收入差距的功能偏弱。一方面，我国个人所得税税前扣除采取统一的扣除标准。即无论是低收入者还是高收入者都适用统一的扣除标准，不利于利用税收手段调节私人部门的流量资产，进而调节不同收入组别的收入差距。另一方面，我国个人所得税在税收总额中占比远低于发达国家与新兴市场国家的平均水平。2015年我国个人所得税在税收总额中占比为6.9%，较低的个人所得税占比影响政府利用税收手段调节收入分配的效果。

（二）税制改革的基本思路

西方国家税收政策的基本特点是：低税率、宽税基、少减免、严征管。与西方国家相比，中国目前的情况是税率相对较高、税基偏窄、减免较多。此外，个人收入的税收调节机制有待充分发挥，在改革过程中容易出现贫富差距加大的趋势。1995年，世界银行发布的报告《世界税制改革的经验》就曾指出，个人所得税应当成为政府取得财政收入的重要税种，并具有广泛的税基。

从我国的情况看，有必要在进行税制改革时，在增加职工工资的前提下，把一部分税负从生产者（企业）转移给消费者，并增加个人所得税和房产税的比重。一方面，有助于提高整个经济系统的资源分配效率，缩小贫富差距。比如，对于拿平均工资的职工来说，如果增加的工资与多缴的税刚好相等，其收入不会受到影响。因为职工工资尽管有多有少，但从总体上看服从正态分布，只要合理地调节累进税制，就可以做到更加合理、公平地分配税负，收入高的多缴税，收入少的少缴税，收入最少的不仅不缴税，还可以得到各种补贴，从而有效缩小贫富差距。同样，在征收房产税之后，富有的人住大房子多缴税，一般居民少缴税，没有住房的低收入群体不缴税，也有助于缩小贫富差距。由于增加了住房持有成本，有助于降低住房空置率，抑制房地产市场过度投机。此外，在不改变个人所得税起征点的情况下，通过普遍增加职工工资可使符合个人所得税缴纳条件的人数增加，扩大了税基，而且职工工资增加后会对职工的心理产生积极效应，有利于职工更好地安排消费和储蓄计划，提高社会积累率，促进消费，扩大内需。另一方面，有助于发展生产。按照一般的思维逻辑，如果给职工增加工资，就可能会降低企业利润，甚至导致企业难以扩大再生产；如果既要鼓励企业增产，又要提高职工工资，看起来似乎是一个悖论；如果既不增加企业税负，又不增加职工负担，却增加国家税收，看起来也不现实。可是如果从动态的观点来思考问题，却有可能得出不同的结论。科学调整税制结构，增加个人所得税等直接税比重，不仅有助于通过增加工资调动普通职工的生产积极性，从而促进生产发展，还有利于提高资源分配效率，增加社会的整体福利水平。

（三）税制改革的方案

我们来考虑这样一个税制改革方案：给所有职工增加一定量的工资，增加的工资由企业发放。为使企业的收支状况不受影响，要为企业减少等量的税负。增加个人所得税征收额度，并且通过设定适当的个人所得税税率，使得拿平均工资职工的生活水平维持不变。具体来说，就是减少企业增值税、营业税和所得税,要求企业将减税的部分作为工资发给职工,然后按照递进税制的原则,由职工缴纳个人所得税。

初看起来,似乎是一笔钱转了一个圈。比如职工多得了1000元工资,又多缴了1000元的税。企业少缴了1000元的税,又给职工多发了1000元工资,企业的负担也没变。国家从企业这里少收了1000元的税,却从职工手上拿了回来,也没有变。这岂不是在玩数字游戏?但仔细推敲,事情并不简单。因为在现代工业社会中,各个经济部门以非常复杂的方式紧密地联系在一起。改变任何一个变量都会对整个经济系统产生影响。如果我们忽视系统内部的相互联系,认为税制改革只不过是把一部分税负简单地从企业转移给了职工,那么实际上就已经做出如下假设:在改革过程中税负的改变是孤立的,没有对价格体系产生影响。显然,这种假设并不符合客观事实。因为国民经济是一个完整的系统,需要从系统工程的角度来研究税制改革对国民经济各个部门和不同收入居民组的影响,从而制订出可行的税制改革方案,实现改革的目标。

税制改革的定量分析

(一)模型的提出

税制改革面临的问题日益复杂,提出一个改革思路,却并不一定意味着改革方案可行,需要进行定量分析。在税制改革建议中要回答如下问题:从生产者那里转移多少税负才合适?在税负转移过程中会对整个经济系统产生什么样的影响?对各工业部门影响如何?对不同收入居民组的影响怎样?为了模拟税制改革对国民经济的影响,需要借助可计算一般均衡模型(Computable General Equilibrium, CGE)来测算。

CGE 模型由许多非线性方程组成，可分为三大部分，分别用来描述供给方面的生产者行为、需求方面的消费者行为以及市场上供给和需求达到均衡的条件。一般均衡状态意味着商品市场、劳动力市场、资本市场、国际贸易、政府财政收支和居民收支都达到均衡。整个国民经济被划分为若干个部门，例如工业、农业和服务业。在工业中还可以细分为重工业、轻工业和交通运输业等。如何划分工业部门取决于研究的需要，分得越细，建模和收集数据的工作量就越大。

采用 CGE 模型讨论税制改革有如下优点：

第一，保持经济学理论上的一致性。自从 Arrow 和 Debreu 奠定了一般均衡的理论基础之后，经过世界各国经济学家几十年的努力，人们已经知道如何通过可计算一般均衡模型把众多的生产方程和需求方程有机地组织在一起，从而比较清楚地描述各变量之间错综复杂的联系。在分析外部冲击或者政府政策变化时，价格和数量都是内生的，因此通过瓦尔拉斯规则可以寻求经济系统整体的一致性。

第二，CGE 模型可以用来描述系统内部的相互作用。CGE 模型建立在社会统计矩阵（SAM）的基础上，从而将各种投入产出关系与许多宏观经济变量有机组合在一起。CGE 模型中描述了各个市场（如产品市场、劳动力市场等）的联系以及许多部门（如企业、居民、政府等）之间的相互关系。

第三，CGE 模型可以用来分析各种政策对经济结构、社会福利和各个居民组收入的影响。这些影响将通过非常复杂的网络在经济系统内部传递。如果只注意与某项政策直接相关的部门，就往往会忽略政策对于其他部门所产生的影响。因此，必须把整个经济系统看成一个整体，全面、定量地研究某种政策实施的影响。

（二）模型的建立

我们建立一个中国税制改革的可计算一般均衡框架。这个模型博采众长，包括13000个方程和15000多个经济变量，是一个多部门、多时期的动态模型。

首先，模型包括七个生产部门，农业、乡镇企业、农村其他部门、国有和集体企业、政府和公共服务部门、城市其他生产部门以及其他服务部门。假定在每一个生产部门中投入各种生产要素和其他产品，产出单一的产品。在生产过程中遵照最低成本原则，采用多层次的常替代弹性系数生产方程。在第一个层次上，企业使用各种生产要素和中间产品，按照常系数规模方程进行生产。在第二个层次上，采用列昂惕夫分工方式，中间投入之间不存在替代关系。在本模型中劳动力被分为22组，消费者被划分为两组居民。假定资本可以在部门间流动，劳动力在城乡间不能自由流动，在城镇间可以流动。

其次，模型中企业的投入由国内市场以及进口两部分组成，这两部分存在不完全替代关系。城市和农村的居民按照Stone—Geary方程争取最大效益。居民的储蓄被处理成对未来消费品的需求。国内市场的中间产出、消费和其他最终需求组成总需求，其组成方式与国际市场保持一致。

最后，国民收入在四个部门之间分配：企业、居民、政府和公共服务部门。政府税收来源于企业所得税、个人所得税、关税和各种非直接税。政府补贴和出口退税被处理为负税率。在模型中非直接税主要包括两大类：增值税和消费税。在本模型中所有的税率被处理为外生给定的参数。

当然，在今后的研究中也完全可以根据政府财政目标的要求将各种税率处理为内生变量。也就是说，可以通过模型计算出满足政府财政、福利政策要求的各项税率。在模型中还包括各种非税性政府收费，在今后的改革过程中可以逐步把这些费用改造为税收。模型所给出的一般均衡通常是一组价格和数量，可使所有产品和要素市场实现供给等于需求。每个部门的理论利润都等于零。总投资等于国内储蓄和外资流入之和。

不可否认，模型所描述的一般均衡状态只是一种理想状态。在现实中，均衡是相对的、暂时的，而不均衡是绝对的、长期的。但是，任何不均衡都需要用均衡态来描述。CGE 模型提供了一个度量经济系统偏离均衡态的参照体系，这对于定量分析经济改革政策的影响是必不可少的。

在讨论税制改革方案时，需要注意不同方案对国内真实总产出（Real Output）以及经济增长率的影响。说到底，税制改革的目标就是要促进生产。只有增加国内生产总值，才有可能在持续提高居民生活水平的情况下增加政府财政收入。我们需要检验各种税制改革方案对国内名义生产总值、国内真实总产出、社会总投资、居民储蓄、政府总税收收入、部门产出和不同收入居民组之间基尼系数的影响。由于调整个人所得税会对价格体系产生影响，因此政策调整对国内名义生产总值的影响要大于对国内实际生产总值的影响。要特别关注税制改革能否促进生产发展。为此，我们利用中国税改可计算一般均衡框架，定量模拟减少各部门企业所得税、削减企业增值税、增加等额个人所得税等不同情景对国民经济产出、投资、财政收入等宏观基本面指标的具体影响。

（三）模型的结果

模型结果显示，在将一部分企业所得税和非直接税转移为个人所得税，并且不增加企业负担、不降低职工生活标准的情况下，可以有效促进国民经济发展，增加社会投资和政府财税收入。这一调整会对经济结构产生影响，改变劳动力在各部门之间的分配，改变价格体系。转移的幅度越大，对经济系统的影响就越大。所以，需要按照国民经济的承受能力和国家工业发展政策来慎重控制调整的幅度和速度，以保持经济系统的稳定和持续发展。

税制改革要实事求是

需要强调的是，税制改革要实事求是，从中国的国情出发，不能简单地照抄外国经验。我们目前的社会环境、收入水平、文化特点、信用体制、金融结构与西方国家存在很大区别，许多在国外行之有效的制度未必适合中国。因此，在研究改革方案时，需要好好推敲一下隐含在背后的假设，看看是否存在实行的基础，就是说要按照中国经济发展程度和社会特点来探索具有中国特色的税收制度。从目前的情况来看，需要关注以下方面：贫富差距状况、信用体系的健全性及有效性、民众是否具有自觉纳税的意识、政企改革情况等。从这一点上来讲，这次税制改革是一场真正意义上的改革。

（本文原载于《债券》2016 年 10 月刊）

探寻央行货币政策操作的"隐性锚"

鲁政委　李苗献

今年以来，我国的货币政策看上去似乎有些"言不由衷"。比如，7月14—15日召开的全国金融工作会议指出，要推动经济去杠杆，坚定执行稳健的货币政策，处理好稳增长、调结构、控总量的关系；8月11日央行发布的《2017年第二季度中国货币政策执行报告》也再次确认了"控总量"的目标。由此看来，货币总量似乎应当会被严格控制在年初的目标之内，但实际上今年以来社会融资规模余额增速一直高于12%的目标。再比如，6月3日，央行重申今年的货币政策[1]：坚持稳中求进工作总基调，实施好稳健中性的货币政策，货币既不松也不紧，做好总需求管理。由此分析，货币市场利率似乎应该比较平稳，但实际上市场仍然真切地感受到有意进行的波段收紧或放松操作，比如存款类机构7天质押式回购加权利率（DR007）的波动有增无减。

货币政策操作是真的"言不由衷"还是"另有深意"？笔者认为是后

本文作者鲁政委时任兴业银行首席经济学家、华福证券首席经济学家、兴业研究副总裁；李苗献时任兴业经济研究咨询股份有限公司研究员。

者的可能性更大。只要找到央行货币政策隐藏的锚，就能够理解央行表面上看似矛盾的言行背后，自有其合理的逻辑。

控总量 VS 高企的社会融资规模

如何理解控总量目标与高企的社会融资规模并存的事实？笔者认为，这或许意味着控总量并不是为了控制社会融资规模增速，而是另有所指。控总量的真正目标变量就隐含在全国金融工作会议的相关表述中。

全国金融工作会议的相关表述为：要推动经济去杠杆，坚定执行稳健的货币政策，处理好稳增长、调结构、控总量的关系。这里的关键字眼就是"要推动经济去杠杆"。其中，"经济去杠杆"是整句话的纲，其后的论述都是为了达成去杠杆的目的而所需要采取的具体措施，其中之一就是控总量。

既然控总量是为了去杠杆，那么什么数量指标通常被用来衡量杠杆？作为在全国金融工作会议这一高规格的全国性会议上做出的部署，控总量所指的隐含指标应该为全国多数人所耳熟能详和普遍认可，而不会是一个仅在小范围内流传的概念，否则不易取得关于去杠杆是否成功的全国性广泛共识。由此分析，笔者认为控总量最可能的候选指标是 M2/GDP，而不大可能是社会融资规模增速，也不可能是宏观审慎监管框架（MPA）下的广义信贷等其他指标。因为与 M2/GDP 指标相比，无论是社会融资规模增速，还是广义信贷，都显得过于小众。实际上，社会公众甚至包括很多学者常常将中国当前超过 200%、名列全球前茅的 M2/GDP 指标作为所谓"货币超发"和"高杠杆"的表征，因此货币政策当局将 M2/GDP 作为控总量的"隐性锚"是顺理成章、合乎情理的。

实际数据也支持上述判断。通过简单的数学计算便知，M2/GDP 能否控制住，取决于 M2 与名义 GDP 二者间的相对增速高低。如果 M2 增速等于名义 GDP 增速，则可以保证 M2/GDP 的比率在未来不继续走高；如果 M2 增速低于名义 GDP 增速，则 M2/GDP 的比率将下降；如果 M2 增速高于名义 GDP 增速，则 M2/GDP 的比率将继续上升，这是货币当局所不愿看到的。在 2017 年前的大部分时间里，M2 增速均高于名义 GDP 增速，特别是 2009 年高峰时期，M2 增速高出名义 GDP 增速将近 25 个百分点，这导致 M2/GDP 的比率在过去几年持续快速攀升。而进入 2017 年以来，M2 增速持续低于名义 GDP 增速，这意味着 M2/GDP 的比率出现了下降，去杠杆和控总量获得了阶段性成功。

因此，控总量或许意味着 M2 增速高于名义 GDP 增速的时代已一去不返，M2 增速低于名义 GDP 增速或将成为新常态。这个判断对于债券市场的启示在于，10 年期国债收益率中枢的变动与（M2 增速 - 名义 GDP 增速）的变动存在紧密联系。

不松不紧 VS DR007 的高波动

如何理解货币政策的不松不紧与货币市场利率的高波动并存的局面？笔者认为，当前货币市场利率的高波动源于央行在稳增长、控总量（控杠杆）等多目标之间的权衡取舍。

第一，今年以来 DR007 中枢的变动与杠杆指标的起落有关。数据显示，当"股权及其他投资"规模上升时，下个月 DR007 的中枢就可能随之上升，反之则 DR007 中枢就会下行。"股权及其他投资"是表征杠杆的重要指标，其增速与 M2 增速的走势非常相关，今年以来二者均经历了快速下滑。

第二，DR007 的波动也与经济指标的涨落有关。中国制造业采购经理指数（PMI）是经济先行指标，也是月度经济数据中最先公布的，PMI 在很大程度上能够代表当月经济指标的整体走势。DR007 月度中枢的变动与上个月 PMI 的预期偏差（即 PMI 实际公布值与调查值之差，差值越大代表经济越好）呈现很强的正相关关系。也就是说，当上个月的 PMI 超出预期时，央行可能会判断经济形势较好，从而倾向于收紧流动性投放，抬高货币市场利率；当上个月的 PMI 低于预期时，央行可能会判断经济形势较差，从而增加流动性投放，压低货币市场利率。

进一步来看，DR007 中枢变动与 PMI 预期偏差的关系可以分为两个阶段：在 2017 年 1 月前，DR007 中枢变动确实与上个月的 PMI 预期偏差存在较好的正相关关系，而从 2017 年 2 月开始，这种正相关关系发生了变化，并且经常表现为负相关。为此，笔者将 2017 年 2 月以后的数据替换为当月的 PMI 预期偏差，结果明显改善。由此来看，今年以来央行的公开市场操作变得更具前瞻性，在当月经济数据尚未公布时（当月 PMI 要到当月最后一日才公布），央行就已经很具前瞻性地对经济形势做出了基本正确的判断，并据此调节流动性投放。

既然如此，央行又是如何做到前瞻性地判断当月经济走势的？一个合理的猜测是借助日度、周度等高频数据。今年 2 月份以来，DR007 在日度频率上与六大发电集团日均耗煤量确实保持了较好的正相关关系。今年 4 月份时二者曾产生一定程度的背离，或许是因为受到金融监管力度增强的影响。

综上所述，央行的货币政策操作并非无章可循，相反其背后存在着若干个"隐性锚"。控总量所对应的锚是 M2/GDP，这或许意味着未来债市收益率的中枢将抬升。DR007 波动背后有多重锚，一个是控杠杆所对应的"股权及其他投资"指标，另一个则是高频的日均耗煤量指标。

1.2017 年 6 月 3 日，央行副行长陈雨露在参加"2017 清华五道口全球金融论坛"时表示。

（本文原载于《债券》2017 年 9 月刊）

中国的汇率政策和现实选择

余永定

中国的汇率制度

当我们谈到中国实行什么样的汇率制度时，大家会说是"以市场供求为基础、参考一篮子货币进行调节、有管理的浮动汇率制度"。2016年中央经济工作会议公报中提出："要在增强汇率弹性的同时，保持人民币汇率在合理均衡水平上的基本稳定"。那么，"增强汇率弹性"指的是什么？目前人民币汇率是否已处在"合理均衡的水平上"？要回答这些问题，首先要研究中国的汇率制度和汇率政策。

按照国际货币基金组织（IMF）的年度报告，世界各国的汇率制度大致可以分成硬盯住、软盯住和浮动三大类，在经过了一系列变化之后，中国的汇率制度目前属于"软盯住"中的"类爬行盯住"这一范畴。根据国际货币基金组织2015年的报告，除中国外，采用"类爬行安排"汇率制度的国家还有19个，分别是牙买加、多米尼加、老挝和哈萨克斯坦等。

本文作者时任中国社科院学部委员。

目前没有任何发达国家和除中国以外的重要发展中国家实行这种汇率制度。下面我们对中国汇率制度进行具体分析。

（一）篮子货币与盯住一篮子货币

什么是篮子货币？它是由给定不同数量的多种不同货币构成的价值尺度。比如 SDR 就是典型的篮子货币，其中包含 0.58 个美元、0.39 个欧元、1.02 个人民币、11.9 个日元、0.086 个英镑。只要知道当时货币的汇率，就可以把篮子货币汇率折成美元、人民币等不同币种。中国加入 SDR 篮子时汇率是给定的，大致 1 个 SDR 等于 1.39 美元或 9 人民币。

货币篮子非常重要的特点就是货币篮子一旦给定，这个篮子中给定的不同种货币所包含的货币个数是给定的。同美元一样，篮子货币也是一种价值尺度，可以用来衡量人民币的价格，换言之，可以用篮子货币，如 SDR 来衡量人民币的价格。

所谓"盯住一篮子货币"就是说无论篮子中不同货币之间的汇率如何变化，用给定的货币篮子（篮子中各种货币的数量固定不变）衡量，人民币价值不变。例如，无论双边汇率发生何种变化，1SDR 始终等于 9 人民币（即 1 人民币等于 1/9 SDR），就意味着人民币是盯住 SDR 货币篮子的。所谓"盯住"就是要保证这一点，从这里也可以知道，如果要盯住一篮子货币就不能盯住美元，如果要盯住美元就不能盯住一篮子货币。

（二）盯住一篮子货币指数

所谓"盯住一篮子货币指数"就是说不论其他货币对美元汇率发生何种变化，货币当局要永远保证篮子货币指数等于 1（或者 100）。盯住一篮子货币与保持篮子货币指数不变，这两者是等价的，所不同的只是表达方式。实际上，当篮子中货币与其他货币的双边汇率发生变化之后，为了实现用一篮子货币衡量的人民币价格不变，就必须调整人民币对美元的汇率。"保持篮子货币指数不变"这种表达方式更直接说明了盯住货币篮子这种汇率制度下的汇率形成过程：当美元对其他货币汇率发生变化时，调整人民币对美元汇率，以确保篮子货币指数不变（为1或100）。这是我们理解当前汇率变化的一个非常关键的概念。

为什么要盯住一篮子？主要就是要保持一国名义有效汇率不变，保持这个国家出口的竞争力。

从汇率制度演变来看，除了盯住一篮子货币，还有采取盯住美元的。比如1998—2005年中国一直是采取盯住美元的，还有中国香港，港币也是盯住美元的。为什么不采取浮动汇率制度或盯住一篮子货币而要盯住美元呢？一般而言，这样做的主要目的是把美元作为名义锚。因为事先假设的是美国执行比较谨慎的货币政策，美国没有通货膨胀，那么在盯住美元之后，货币当局就无法滥发钞票了，否则汇率就会贬值。盯住美元是一种自我约束机制，有了这种机制，通货膨胀就会得到抑制。

"8·11"汇改以来中国的汇率定价机制

（一）"8·11"汇改是向着汇率市场化迈进的重要一步

为了增强人民币汇率中间价的市场化程度，2015年8月11日，中国人民银行完善了人民币对美元汇率中间价报价机制，做市商在每日银行间外汇市场开盘前，参考上日银行间外汇市场收盘汇率，综合考虑外汇供求情况以及主要货币汇率变化，向中国外汇交易中心提供中间报价。

我认为"8·11"汇改非常重要，它是向着汇率市场化迈进的重要一步，其中有两个关键点：一是第二天的汇率中间价取决于或参考头一天的收盘价，二是人民币汇率每日浮动区间在 -2%~2%。这也意味着如果外汇市场上出现了贬值压力，比如人民币对美元汇率由 6.2 贬到 6.5，那么 6.5 就成为第二天汇率的中间价，如果第二天继续贬值，第二天的收盘价就成为第三天的中间价，这反映了汇率市场的供求关系。

自 2016 年 8 月 13 日至 2016 年 2 月，中国人民银行实行了旨在维持汇率稳定的相机干预机制，干预的原则在于打破贬值预期。

（二）实行"收盘价 + 一篮子货币汇率变化"的新定价机制

2016 年 2 月，中国人民银行宣布实行"收盘价 + 一篮子货币汇率变化"的人民币对美元汇率中间价形成机制，尽管有种种说法，尽管实际情况可能更复杂一些，定价公式大致可以表示如下：

当日中间价＝前日中间价 +［（前日收盘价 – 前日中间价）+（24 小时篮子货币稳定的理论中间价 – 前日中间价）］/2

或

当日中间价 =（前日收盘价 +24 小时篮子货币稳定的理论中间价）/2

不难发现，上述两个定价公式是等价的。什么是"24 小时篮子货币稳定的理论中间价"？它其实要反映的是中国人民银行稳定篮子货币汇率的一种意愿，它的含义就是当美元对其他货币汇率发生变化时，为了盯住一篮子货币指数，就必须调整人民币对美元的汇率。如何计算"24 小时篮子货币稳定的理论中间价"？首先要知道我们所要盯住的货币篮子指数是什么，这个指数就是中国外汇交易中心公布的中国外汇交易体系指数（CFETS）。

CFETS 人民币汇率指数的变动取决于三个变量：一是人民币对美元汇率，二是美元指数（除瑞典克朗外，美元指数所包含的货币都被包含在 CFETS 中），三是被包含在 CFETS 中、但未包含在美元指数中的其他货币对美元的汇率。

这三个变量之间的关系可以总结如下：一是当人民币对美元贬值，同时美元指数下跌时，CFETS 人民币汇率指数也下跌。二是如果人民币对美元贬值时美元指数上升，那么 CFETS 人民币汇率指数是上升还是下跌要看人民币对美元贬值的相对幅度是否足够大。如果人民币对美元贬值的幅度足够大，则 CFETS 人民币汇率指数下降；如果人民币对美元贬值幅度小，则 CFETS 人民币汇率指数上升；如果人民币对美元贬值幅度适中，则 CFETS 人民币汇率指数可能保持不变。

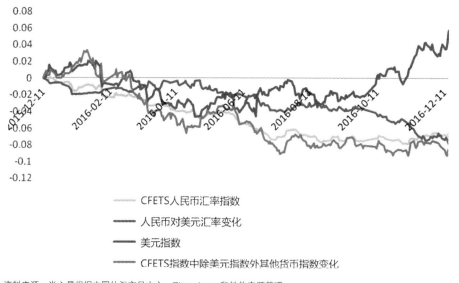

资料来源：肖立晟根据中国外汇交易中心、Bloomberg 和其他来源整理

图 1 CFETS 人民币汇率指数、美元指数和人民币对美元汇率的变化路径

我们可以通过观察近一年来 CFETS 人民币汇率指数、美元指数、人民币对美元汇率的变化路径来进行具体分析。从图 1 可见，美元指数

开始时是上行的，接下来就下跌了，后来又上行，直到 2016 年 8 月时开始在振荡中上行，最近一段时间上行得比较快。从 CFETS 人民币汇率指数看，这个指数一路下跌，直到 2016 年 8 月份基本停止下跌。从人民币对美元汇率变化来看，在 2015 年底时跌幅较大，然后趋稳，再逐步下跌，在 2016 年四季度时又有比较大的跌幅。

我们将上述变化路径分为三个阶段来分析。第一个阶段是 2016 年 1 月底到 4 月底，在美元指数下跌期间，为了维持篮子货币汇率稳定，人民币对美元应该相应升值，实际上在此期间人民币对美元确实有微弱升值。但为了释放人民币贬值压力，中国人民银行未过多干预外汇市场，因此人民币汇率中间价升值有限。在此期间，CFETS 人民币汇率指数一直处于下跌状态。美元指数下跌时，人民币对美元汇率应该升值，这样 CFETS 人民币汇率指数就基本不变了，但由于外汇市场存在人民币贬值压力，如果不使人民币贬值就得动用外汇储备进行干预。第二个阶段是从 2016 年 4 月底到 7 月初，美元指数处于升值状态，为了维持人民币汇率稳定，人民币汇率应该相应贬值。这时人民币汇率确实贬值了，但贬值幅度超过了维持 CFETS 人民币汇率指数稳定的需求，所以 CFETS 人民币汇率指数依然是下跌的。第三个阶段是从 2016 年 8 月至今，美元指数持续上升，为了维持篮子货币汇率稳定，人民币对美元应该相应贬值。事实上我们在外汇市场上相应减少了干预，允许人民币贬值。由于美元指数上升幅度较大，在人民币对美元贬值势头不变的同时，CFETS 人民币汇率指数保持了稳定。有种观点认为，8 月份以来人民币的贬值完全是美元升值的结果，同人民币是否有贬值压力无关。这种观点是错误的。人民币对美元汇率不会自动跟随官方所公布的中间价的变动而变动。除非中间价恰好反映了市场供求关系，央行就必须不断对收盘价进行干预，以便使收盘价对中间价的偏离不超过中间价的 2%。反过来说，如果在美元指数上升导致"篮子货币汇率稳定理论价"不断贬值的同时，外汇市场上并不存在人民币对美元的贬值压力，收盘价（收盘时的即期汇率）就应该一直维持在给定水平上。但由于"理论价"的不断贬值，根据央行给出的定价公式，中间价也会不断贬值。这样，处于持续贬值过程中的中间价就会对一直维持不变的收盘价渐行渐远。为了使收盘价保持在中间价 ±2% 的区间内，央行就将不得不买进美元卖出人民币、迫使收盘价贬值。当然，这种情况并未发生。这也就是说，人民币本身不存在贬值压力的断言是错误的。

那么引入新定价机制的目的是什么？主要是稳定人民币汇率预期，缓慢释放人民币贬值压力，遏制外汇储备急剧下跌的势头。从实际情况来看，同"8·11"汇改时实行的参考收盘价定价机制相比，新机制放慢了人民币贬值速度，同时增加了人民币汇率变动的不可预测性，增强了人民币汇率双向浮动和汇率弹性，人民币对一篮子货币汇率保持基本稳定，在一定程度上有助于打破市场单边预期，避免单向投机。但这种定价机制不能导致市场出清。如果是合理均衡水平之上的基本稳定，则无法消除贬值预期，还会以损耗外储、加强资本管制、丧失货币政策独立性等等为代价。

人民币贬值压力下的对策

选择当存在人民币贬值压力的情况下，中国如何维持汇率稳定？下面我们对几种对策进行分析。

第一种方式是动用外汇储备保持人民币对美元汇率不变（盯住美元）。比如1998年亚洲金融危机期间，人民币贬值预期非常强，我们首先宣布人民币绝对不贬值，动用外汇储备保卫人民币，同时加强资本管制，最终成功地保持了人民币汇率稳定。但现在的问题是：其一，我们现在的汇率形成机制，并不包含人民币不贬值的宣示；其二，资本管制的有效性大大下降；其三，由于前两种因素，动用外汇储备要考虑可持续性问题。有机构曾经做过测算，如果按照我们以前动用外汇储备的速度，今年外汇储备有可能跌破2.8万亿美元，一旦外汇储备下降较多，那么情况会变得比较复杂。

第二种方式是宏观经济政策，比如许多国家都是采取加息的办法。但是今年我国经济是要保底线的，同时经济运行中还存在较大的风险和压力，这样是难以采取大幅加息措施的。因为货币政策要保持独立性，需要根据国情来决定利息的高低，而不能是为了保卫人民币汇率来决定利率的高低，所以在美国利息率上行的情况下，这个办法并不可行。

第三种方式是资本管制。资本管制的办法应该说是有效的，但资本管制本身有一系列的副作用，是不得已而为之，会造成扭曲。为了加强资本管制，今后就会有越来越重的负担，就可能在人民币国际化的进程中走回头路，这样也不是万全之策。

当前我们面临的问题是汇率、外汇储备、货币政策独立性、国家信誉、人民币国际化这五者中更看重哪些。权衡利弊，我认为相对来说汇率的重要性要弱些，因为在中国外汇储备很大程度上是国民储蓄，不应浪费，货币政策独立性要保证，国家信誉要维持，人民币国际化虽然不得不放慢脚步，但我们也不能出现大规模逆转。这样看来，汇率在这五者中的分量相对最轻。

对于汇率，国际经济学家普遍认为，如果一个国家货币贬值超过25%就算作货币危机了，并会导致四个方面的问题：银行资产负债表的币种错配、企业债务危机、通货膨胀、主权债务问题。那么我们可以结合中国的情况进行具体分析：一是中国的外币资产在银行总资产中的比重非常小，所以人民币汇率贬值对于银行的资产负债表影响较小。二是在企业债务方面，中国的企业债务绝大部分是人民币债务，美元债务占比很少。三是在通货膨胀方面，中国经济已经走出 PPI 下跌阶段，但通货膨胀对于中国来讲还不是主要的威胁。四是在主权债方面，中国基本没有外币主权债。凡此种种，可以说一旦汇率贬值，对于中国经济金融的冲击完全是可控的。

当前中国对于汇率需要采取什么样的态度？我认为需要克服汇率浮动恐惧症。2003 年到 2014 年我们曾担心人民币升值，现在我们又很担心人民币贬值，总之我们对汇率的浮动总是很担心。实际上中国应该是世界上最不怕汇率浮动的国家，我们有大量的贸易顺差，有目前世界上依然最高的经济增速，有 3 万亿美元的外汇储备，还有强有力的政府，所以我们应该克服汇率贬值恐惧症，尽快重启人民币汇率制度改革。

（本文原载于《债券》2017 年 2 月刊）

资本流动总体趋稳　人民币汇率双向波动

连平　周昆平　刘健

2016 年下半年，受地缘政治风险上升、美联储加息预期、中国经济下行压力以及中国企业"走出去"加快等因素综合影响，我国仍面临一定程度的资本流出压力，资本流动短期波动依然较大，但总体有望趋稳。直接投资或将迎来由顺差转向逆差的分水岭，证券投资和其他投资仍将出现一定的波动，并存在流出压力。

下半年，人民币仍面临一定的贬值压力，但贬值幅度整体可控。在"参考收盘汇率"+"参考一篮子货币汇率"的双参考定价模式下，人民币汇率双向浮动特征将更趋明显，汇率弹性将进一步增强。

资本流动短期波动较大，总体有望趋稳

（一）不确定性因素增多，资本流动短期波动较大

2015 年以来，受国内外多重不确定性因素影响，我国资本流动短

本文作者连平时任交通银行首席经济学家；周昆平时任交通银行金融研究中心副总经理；刘健时任交通银行金融研究中心高级研究员。

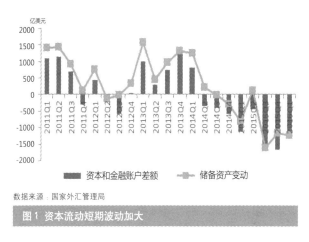

数据来源：国家外汇管理局

图1 资本流动短期波动加大

期波动加剧，一季度资本外流规模较大，二季度明显减小，三、四季度资本外流规模再度加大，并创新高。2016年一季度，资本和金融账户（不含储备资产，下同）逆差1235亿美元，储备资产减少1233亿美元（见图1）。下半年，国内外不确定性因素增多，资本流动短期波动将加大。从国际看，英国脱欧使市场对美联储加息预期减弱，但地缘政治风险及国际金融市场动荡加剧将使市场避险情绪升温，引发资本流向美元、日元等安全资产。从国内看，人民币汇率双向浮动弹性明显增强，中国经济企稳向好的持续性仍待观察，中国企业海外并购及投资者海外资产配置需求增加等因素，都将对我国的资本流动构成压力，并加剧资本流动的短期波动。

（二）跨境资本流动有望总体趋稳

从银行结售汇等宽口径数据来看，2016年初以来，我国跨境资金流出压力逐步缓解。2016年5月，银行代客结售汇逆差和银行代客涉外收付款逆差分别为677亿元和1537亿元，逆差规模较年初均大幅收窄，外汇供求状况趋向平衡。外汇占款降幅也由1月的6445亿元缩小至5月的537亿元（见图2）。

下半年，我国仍面临资本流出压力，但资本流动有望总体趋稳。美国经济复苏仍有波折，英国脱欧引发市场避险情绪升温，但也使美联储

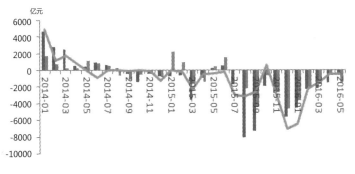

数据来源：国家外汇管理局

图 2 跨境资金流出压力逐步缓解

加息预期明显减弱。中国经济增速大幅下降的可能性不大。资本市场及债券市场开放等政策有望继续发酵，境外机构投资者类型有望继续增加，这将有助于吸引资本流入。人民币汇率双向波动逐步被市场接受，单边贬值预期减弱。境内主体经过近两年的债务去杠杆化调整，未来的对外偿付风险已明显降低。监管层对外汇和资本流动的宏观审慎管理仍将继续发挥作用。总体来看，2016 年，我国的资本流动有望总体趋稳，资本外流规模将有所收窄。预计下半年我国资本和金融账户逆差 2000亿美元左右。

（三）直接投资或将出现由顺差到逆差的分水岭，非直接投资仍将主导资本外流

直接投资或将出现顺差到逆差的分水岭。2014 年以来，我国直接投资尽管总体仍表现为顺差，但顺差规模逐步缩小。2015 年我国直接投资顺差 621 亿美元，较 2014 年降低近六成。2016 年一季度直接投资出现 163 亿美元的逆差，创历史新高。商务部口径的直接投资数据也显

示，近年来我国对外直接投资快速增长，而且增速远超实际利用外资的增速。2016年前五个月，我国非金融类企业对外直接投资735.2亿美元，同比增长61.9%；实际利用外资541.9亿美元，同比增长0.7%。对外净投资193.3亿美元，去年同期为FDI净流入（见图3）。从国际收支发展阶段理论来看，中国出现直接投资逆差也符合经验规律。未来随着"一带一路"倡议的实施，资本和金融账户开放的推进，以及中国企业"走出去"加快，我国的对外直接投资将继续快速增长。与此同时，随着生产要素成本的提高，外国来华直接投资有减少态势。2016年直接投资或将迎来由顺差转向逆差的分水岭。

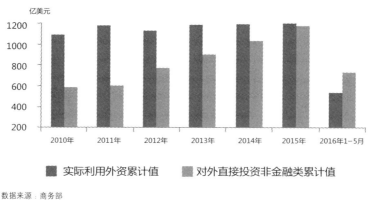

数据来源：商务部

图3 对外直接投资快速增长

非直接投资（证券投资及其他投资）波动加大，并将继续主导资本外流。2015年一季度以来，证券投资连续五个季度出现逆差，而且逆差规模持续扩大。2016年下半年，受市场避险情绪升温、人民币贬值预期及汇率波动较大等影响，证券投资将继续出现一定的波动，并将继续出现逆差。2015年一季度及三、四季度，其他投资项逆差规模均接近1400亿美元（见图4）。2016年下半年，受国际金融市场动荡、中国经

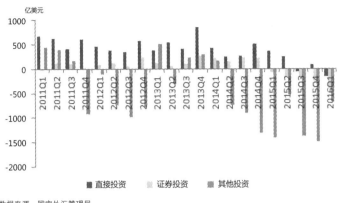

数据来源：国家外汇管理局

图4 其他投资项逆差规模较大

济仍面临下行压力以及人民币贬值预期等影响，其他投资负债方（即外资流出）仍将出现一定规模的负值，尤其是货币和存款、贷款及贸易信贷等细项下的资本流动波动可能加剧，并将推动其他投资继续净流出。但随着人民币单边贬值预期减弱，以及债务去杠杆化调整已近两年，原来流入的短期资本的流出进程已经过半，未来对资本外流的影响有望减弱。因此，其他投资逆差规模将收窄。

长期来看，我国国际收支双顺差将渐行渐远。国际收支形势将继续呈现"经常账户顺差、资本和金融账户逆差"的格局。这意味着我国的资本流动形势整体将表现为净流出。而在资本和金融账户开放的背景下，证券投资、其他投资等形式的资本流动波动将不断加大。

人民币汇率将双向波动，贬值幅度可控

（一）人民币兑美元汇率仍面临贬值压力，但贬值幅度可控

2016年以来，人民币兑美元汇率波动幅度明显加大。年初，受国内

外金融市场动荡等因素影响，人民币兑美元汇率一度出现较明显的贬值。随后在央行加强宏观审慎管理、美联储加息预期减弱及中国经济短期数据改善等多重利好下，2月中下旬以来，人民币汇率出现阶段性企稳。下半年，尽管美联储加息预期减弱，但英国脱欧导致地缘政治风险加大，欧日央行货币政策及汇市干预，以及中国经济企稳向好的可持续性等都存在不确定性，国际金融市场不确定性增加，市场情绪波动增大。不过，人民币汇率双向波动逐渐被市场接受，监管层持续加强宏观审慎管理，有能力协调监管境内外市场，合理引导市场预期，保持外汇市场供求基本平衡，加之经过近两年的资产负债结构调整，境内主体对外债务去杠杆化步伐已明显放缓，人民币单边贬值预期减弱（见图5），5月初以来的人民币贬值并未引起市场恐慌便是例证。中国经济增速大幅下降的可能性不大，经常账户仍将保持一定规模的顺差。从10月1日起，人民币纳入 SDR 货币篮子将正式生效，并将带动人民币资产配置需求的增加。因此，尽管人民币面临一定的贬值压力，但贬值幅度基本可控。

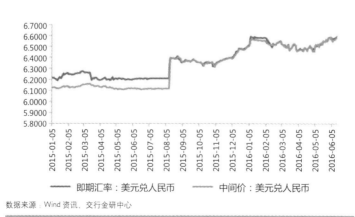

数据来源：Wind 资讯、交行金研中心

图 5 人民币汇率双向波动特征明显

（二）人民币汇率双向浮动弹性增强，汇率指数保持基本稳定

未来，在人民币汇率"参考收盘汇率"+"参考一篮子货币汇率"的双参考定价模式下，双向浮动特征将更加明显，汇率弹性将进一步增强，双向波动幅度将继续扩大。下半年，市场风险偏好上升将推动国际资本回流美国，非美货币将普遍面临贬值压力。从各国经济基本面来看，相较于其他货币对美元的跌幅，人民币的下跌或将相对温和，这将有助于稳定人民币对一篮子货币的贬值幅度，从而保持人民币汇率指数的基本稳定（见图6）。

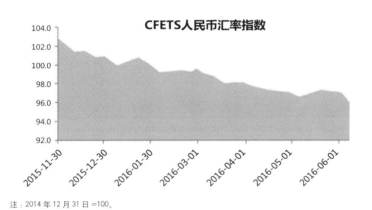

注：2014年12月31日=100。

数据来源：中国外汇交易中心，交行金研中心

图6 人民币汇率指数基本保持稳定

（本文原载于《债券》2016年7月刊）

下篇／金融与债券市场

JINRONG YU
ZHAIQUAN SHICHANG

承接国家金融战略需要　建成国际主要金融基础设施

——专访水汝庆

《债券》：进入"十三五"以来，我国金融市场改革开放与创新发展正跨入一个全新阶段。在这样的背景下，中央国债登记结算有限责任公司（简称中央结算公司）近日适时制定完成了 2016—2020 年战略规划。请问水董事长，公司选择这样一个重要历史节点推出未来五年战略规划，是出于怎样的战略考量？

水汝庆：中央结算公司制定新规划，首先是承接、服务于国家战略的需要。2016—2020 年是国民经济发展的关键时期。党的十八届三中全会决定中明确要求"加强金融基础设施建设，保障金融市场安全高效运行和整体稳定"。"十三五"规划纲要也指出要建立安全高效的金融基础设施。公司是国家金融基础设施的核心构成，有必要也有条件从战略层面思考，从操作层面着手，谋划中央结算公司作为国家金融基础设施的未来。

2016 年又正值公司成立 20 周年。经过 20 年风雨洗礼，中央结算公

水汝庆时任中央结算公司董事长。

司积淀了不少经验和优良实践做法，客观上值得总结、提炼和发扬；经过 20 年团结奋斗，公司创造了不少辉煌和中外同业瞩目的成就，需要升级再上台阶；同时，经过 20 年生动实践，公司加深了对金融基础设施建设运营的规律性认识，需要在新基点上再出发。公司历史上不同时期有过战略性文件，在公司层面对金融基础设施发展发挥了重要的指导作用。此次规划适逢国民经济和金融体系发展的重要时期，并与公司过去的战略相接续，既体现了延续性，又体现了创新性和发展性。在酝酿和制定过程中，公司深入贯彻党的十八大和十八届三中、四中、五中全会精神及国家"十三五"规划要求，把握新形势和新趋势，在研判发展境况与自身资源条件的基础上，遵循金融基础设施原则并借鉴国内外同业实践。新的战略规划旨在进一步强化公司核心金融基础设施的定位，确立公司新时期发展目标，明确战略任务，优化发展方式，凝聚发展动力，指引公司在中国金融市场的未来建设与发展事业中持续做出新的贡献。

《债券》：中央结算公司与中国债券市场相伴而生、相进相长已近 20 年。作为国家金融基础设施核心构成、金融改革与发展的战略支点，公司是如何在债券市场发展进程中发挥重要引领与创新推动作用的？

水汝庆：中央结算公司成立于 1996 年，此前，中国债市是分散的，秩序混乱、市场运行管理成本高昂，付出了沉重的代价。公司就是为了中国债券市场统一安全高效的需要应运而生的，为中国债券市场这一金融核心基础市场发展完善服务是中央结算公司的天赋使命。自成立之日起，在主管部门的领导和支持下，公司忠实履行国家金融基础设施职责，以服务市场、服务监管为宗旨，参与了全国银行间债券市场培育建设的全过程，为中国债券市场发展做出了一系列具有里程碑意义的基础性与开创性的贡献。

一是开启了中国债券无纸化时代，形成了债券集中统一的登记托管体系。中央结算公司成立后即在国内率先推出了债券无纸化中央登记托管体制，结束了我国有纸债券分散托管的历史，维护了国家信用和金融稳定，并建立了符合我国国情、透明高效的一级托管模式。实践表明，实行这一体制在大幅提高市场效率的同时也大幅降低了债券发行和交易的成本与风险，为日后我国债券市场的高速和规范发展奠定了坚实基础。

二是创建了支持报价驱动交易的安全便利的结算模式。中央结算公司吸收国际经验，结合我国国情，自主设计，一体化构建了适合机构参与的批发市场服务模式，以及适应散户参与的柜台服务模式，并精心设置了风险防控机制，为各类投资者进入市场准备了便利、安全的通道，在有效维护债券托管与结算秩序的同时，创设了提高市场开放度的必要条件。事实证明，这套服务模式有力支持了银行间债券市场迅速崛起成为我国债券主体市场。

三是开创了债券远程招标发行的先河，确立了债券全生命周期的服务体系。1998年，中央结算公司在国内率先建成债券远程招标发行服务系统并投入应用，实现了债券发行的市场化与规范化，推动中国债券市场进入了新的阶段。公司自主建成的中央债券综合业务系统，集债券发行、登记、托管、结算、付息兑付、信息、担保品管理等各项功能为一体，为市场提供了债券全生命周期的完整配套服务，进一步有效降低了市场运作成本和功能衔接与数据交换风险，实现了中国债券市场基础设施的现代化。

四是建立了国内首个券款对付（DVP）结算机制。在央行推动下，2004年中央结算公司的中央债券综合业务系统与中国人民银行大额支付系统实现联网运行，建成使用央行货币的全额实时券款同步交割结算机制，根除了债券交易中的结算本金风险，同时债券自动质押融资等机制也为支付系统的稳定高效运行提供了有力保障。这是中国金融基础设施达到国际先进水平的主要标志之一。

五是率先编制发布了人民币债券收益率曲线。中央结算公司基于中立地位和资源优势，在1999年编制发布了全球第一条人民币国债收益率曲线。随后，以国债收益率曲线为基准，陆续自主构建成包括各信用等级债券收益率曲线、估值、指数、风险值（VaR）等一整套反映人民币债券市场状况的中债价格指标体系，有效促进了债券公允价格形成和市场透明度提升，支持了利率市场化和人民币国际化进程。公司在国内开辟了金融资产第三方估值市场，在全球首创由中央托管机构提供第三方估值的范例，并直接顺延为各债券组合计算个性化指标，受到国内外同行的普遍认可。

债券市场的发展成果凝聚了各相关方面的心血与努力，中央结算公司作为其中一员坚持精耕细作，夯实了市场底层架构，并成功经受住了发展的检验。

《债券》：20年辛勤耕耘，20年开拓创新，中央结算公司倾力服务市场硕果累累、贡献卓著，尤其引人关注的是公司不断努力构建完善的金融基础设施并打造形成了七大核心服务平台。水董事长能否具体介绍一下这七大平台的情况？

水汝庆：中央结算公司作为系统重要性机构，在金融基础设施领域持续、精准、协同发力，打造形成了七大核心服务平台。

一是债券市场运行平台。中央结算公司构建的债券全生命周期服务体系在不断降低操作风险与成本的同时，成功支持了债券市场规模的迅速增长和各种创新的落实，能够实现跨市场统一互联，促进市场透明度和标准化建设。自成立以来至 2016 年 10 月末，公司累计支持各类债券发行超过 90 万亿元，办理交易结算超过 3700 万亿元，代理付息兑付近 60 万亿元，登记托管债券类资产 42.5 万亿元，约占债券总量八成。

二是支持宏观调控的政策实施平台。自 1998 年中央银行正式开始实施货币间接调控起，中央结算公司即为央行公开市场操作提供业务和技术支持，截至 2016 年 11 月中旬，累计支持央行票据发行和公开市场操作约 80 万亿元；累计为 24 万亿元的政府债券提供全周期服务，支持中央及地方国库现金管理操作超过 4 万亿元；为企业债券提供发行技术评估、集中发行支持和信用体系建设服务。

三是金融市场的基准定价平台。截至 2016 年 11 月中旬，中债价格指标每日发布各类曲线 1300 余条，估值 4 万余条，债券指数 60 余只，各项数据指标约 400 万个，已成为相关财政政策与货币政策实施的重要参考指标，以及监管部门市场监测的有力工具，被市场机构参与者广泛采纳用于投资管理实践中。十八届三中全会决议提出"健全反映市场供求关系的国债收益率曲线"的要求后，财政部官方网站发布了中央结算公司编制的中国国债收益率曲线。2015 年，经国际货币基金组织

（IMF）比较论证后，中债 3 个月期国债收益率作为人民币短期债务工具代表性利率被纳入特别提款权（SDR）利率篮子。"十三五"规划纲要进一步提出了"更好发挥国债收益率曲线定价基准作用"的任务要求，可以预计在未来中国金融改革与发展进程中，中债价格指标的作用将日趋重要。

四是金融市场的风险管理平台。中央结算公司历来以维护市场的安全稳定为己任，在所有业务服务模式的设计中始终贯穿了操作及相关风险的防范机制，多年来从未因业务处理环节存在缺陷而造成市场的风险与损失。同时，公司利用自身优势资源不断探索为市场建立更为丰富的风险管理机制。公司提供专业化、智能化、集成化的担保品管理服务，中央担保品管理系统目前已广泛应用，为各类金融交易，中央银行、中央及地方财政和外汇管理局的相关政策性操作工具以及支付系统的运行提供安全保障。截至 2016 年 11 月中旬，中央担保品管理系统管理的债券担保品余额已超过 11 万亿元，日益成为金融市场流动性中枢和风险管理中枢。中债价格指标的个性化深度应用为机构内部针对自身组合识别和计量风险提供了有力工具。在服务监管方面，公司始终有效履行一线监测职能，为防止发生系统性、区域性金融风险提供依据。

五是债券市场对外开放平台。中央结算公司为国际金融机构来华发行"熊猫债券"提供支持，为各类境外机构投资者提供债券托管结算服务。截至 10 月底，各类境外机构开户 370 家，持有债券约 7500 亿元，占境外机构持有境内债券的 90% 以上。中债价格指标被境外央行、国际组织及金融机构采用，中债指数 ETF 产品在纽约交易所和香港交易所上市。根据主管部门的工作部署，公司参与了中国债市对外开放升级版的研究。此外，公司在上海等地布局，积极支持自贸区金融改革和国际金融中心建设。

六是债券市场创新研发平台。中央结算公司积极配合债券市场的创新建设，为国内引入新券种和新交易方式提供研发支持。公司承担了多项世界银行、亚洲开发银行的项目咨询工作，并配合央行等市场监管部门完成多项重要课题。公司定期发布的债券市场年报、理财市场年报受到各界广泛关注。公司主办的《债券》杂志是国内唯一的权威债券专业期刊，中债网络培训平台是国内首个证券领域在线培训平台。

七是多元化金融市场服务平台。在相关部门的指导和推动下，中央结算公司陆续为信贷流转、信托产品、理财产品提供登记等基础性服务，组建银行业信贷资产登记流转中心和银行业理财登记托管中心等相关机构。截至 2015 年末，公司登记各类金融产品总量突破 70 万亿元，在保障市场健康发展、提升监管有效性、维护投资者权益、降低金融市场组织成本诸方面发挥了积极作用，为盘活金融存量，优化金融资源配置准备了条件。此外，公司推出中债金联系统，为中小金融机构的资金业务和理财业务管理提供支持。

伴随中国金融改革开放的持续深入，金融市场重要作用日益凸显，功能与门类日渐丰富。中央结算公司始终坚持遵循规律、把握趋势、超前准备、厚积薄发，以不断创新为中国金融市场的可持续发展提供金融基础设施的到位支持。

《债券》：作为创立最早的市场中介机构，中央结算公司历经多年服务市场、服务监管的不懈努力，自身目前也进入黄金发展期。很多市场人士都有这样的评价,水董事长对此认可吗?公司在未来五年要实现怎样的发展目标?如何实现这些战略目标?

水汝庆:我们理解黄金发展期就是战略机遇期。从外部环境看,国内经济长期向好的基本面没有改变,而提质增效、转型升级的要求更加紧迫,需要更加完善的金融体系配合。十八届三中全会决定和"十三五"规划确定的金融改革方向可概括为完善金融机构和市场体系,促进资本市场健康发展,健全货币政策机制,深化金融监管体制改革,健全现代金融体系,提高金融服务实体经济的效率和支持经济转型的能力,有效防范和化解金融风险。这些战略部署总体上对金融基础设施建设提出了更高的要求,相应地也为中央结算公司发展营造出更好的环境。国家经济金融改革的一个主要深化目标,就是利用当代金融市场实现金融资源的有效配置。围绕这一目标,在各类金融产品的流通转让、债市支持实体经济以及利率市场化和人民币国际化进程的推进中,公司多年积累的资源将发挥关键性支持作用,发展前景空前广阔。同时,当代信息技术与金融业务的创新层见叠出,为公司拓展新的服务领域与方式,实现更大范围的综合经营提供了更多可能。可以说,未来五年将是公司改革发展的重要战略机遇期。

2016—2020年期间,在"十三五"规划的战略引领和主管部门的正确指导下,中央结算公司将继续以"提供安全、高效、专业的基础服务"为使命,坚持"诚信、责任、服务"的核心价值观,通过不懈努力和自我超越实现新时期的战略目标,即将公司建设成为安全高效、开放透明的国际主要金融市场基础设施服务机构。到2020年,公司的关键运营目标要全面完成,并以国际证券结算标准为指引,与国家级金融基础设施和重要性信息系统地位相适应，核心系统可用性达 99.99% 以上；客户满意度保持优良水平，综合服务性价比持续提高。公司系统和业务的开放性和透明度建设要取得重要成果，实现跨市场、国际化拓展，提高系统平台的兼容性，并以规范和完善体制机制建设为抓手，通过采标、达标、创标推进公司的标准化建设，提高市场和公司透明度。通过未来五年的发展，公司的国际影响力要显著提升，与人民币国际化地位相适应，实现亚太主导、全球合作，成为相关业务领域的区域示范机构，成为国际金融基础设施合作的重要节点，在国际合作方面取得一批实质性成果。

为实现这些战略目标，中央结算公司将坚持五大基本原则。一是坚持国家金融战略导向。公司要通过基础设施服务，推动提升金融支持实体经济水平，促进深化利率汇率市场化改革，助力防范系统性金融风险，支持实现国家金融战略目标。二是坚持遵循客观规律。要以金融市场发展规律为准则，国际经验与公司实践相结合，落实国际金融基础设施标准，科学布局，确保公司发展方向的正确性。三是坚持客户需求为中心。公司是市场化企业，要以客户为中心，需求主导，创新驱动，服务市场，切实维护市场参与者合法权益，确保公司发展顺应市场需求。四是坚持推动合作共赢。在外部合作中要开放包容、共商共建、互学互鉴、互利共赢，与国内外机构共同应对市场挑战、共同分享发展机遇。五是坚持践行社会责任。公司在发展中要秉承中立的金融基础设施定位，服务市场监管，维护金融稳定，提升市场效率，坚持社会效益优先，实现社会效益和经济效益的协调增长。

我们要紧紧把握住国家战略机遇，承接利率市场化、人民币国际化、金融业双向开放、"一带一路"建设、加强金融基础设施建设等国家金融战略需求，应时而动，顺势而为。不断强化和拓展中央托管结算体系，巩固并发展核心基础优势，以此为依托，立足金融基础设施职责定位，顺应国家发展新理念和市场发展新需要，持续开发和深化创新业务，推进"两个转型"，即实现由单一的债券登记托管向全方位的金融资产登记托管转型，由单一对接债券市场向对接多个金融市场转型，落实"多元化、集团化、国际化"的发展要求。

《债券》：国家全面建设小康社会的奋斗目标，新常态下的经济金融新形势，以及金融市场改革开放、创新发展的不断深化，无疑都对中介服务机构与基础设施提出了更高、更新的要求。面对新形势、新机遇、新需求、新挑战，公司是否心存危机感和忧患意识？公司将如何依靠自身的资源优势和竞争优势来应对？

水汝庆："十三五"期间是我国建设全面小康社会的决胜阶段。但同时我国经济发展进入新常态，"三期叠加"阶段性特征显现，周期性矛盾和结构性问题使经济下行压力仍然存在。在国家战略转型的关键时期，金融市场要继续改革开放、不断创新发展，落实服务实体经济的根本要求，为经济发展注入不竭动力。而要做好不同层次金融市场间的制度衔接，形成有机联系的市场体系，离不开安全、高效、统一、规范的金融基础设施安排。自党的十八大以来，国家重要文件相继提出有关加强金融基础设施建设的要求，金融基础设施建设已提升到国家金融战略高度。在新一轮金融改革中，需要中央托管结算机构在支持市场发展和创新、监测和控制风险、保障市场运行安全和提高市场效率等方面发挥更加重要的作用，这无疑给中央结算公司提出了更高的要求。

我们清醒地认知所面临的挑战，并将悉心筹谋，务实应对。未来五年，在经济社会改革的大背景下，中央结算公司发展所面对的挑战和不确定性主要有以下四方面：一是"十三五"规划提出改革金融监管框架，统筹监管重要金融基础设施，对公司发展提出新要求；二是国际金融基础设施标准愈加严格，人民币离岸市场日益发展，公司的国际化基础面临更多考验；三是随着公司业务拓展，监管要求和客户类型呈现多样性和多层次性，对公司的服务内容和形式、技术支持能力和人才队伍建设水平提出了更高要求；四是根据国家关于深化国有企业改革的指导意见，需要进一步加强公司现代化治理机制建设。公司需要在恪守中立、忠实履职的同时，进一步加快提升综合实力，增强战略定力和灵活应变力。

应对挑战，中央结算公司要进一步发挥在发展进程中积淀的优势，主动适应新常态、寻求新突破，推动各项业务保持稳中向好、稳中有进的良好局面。这些优势包括：一是声誉优势。在长期实践中，公司树立了可靠便捷、务实高效、中立专业的服务形象，深得用户信赖。二是综合平台优势。以债券全生命周期一体化服务体系为依托，公司培育了一批潜力深远的服务产品，且可在创新品种上快速复制应用，规模效益显著。三是客户资源优势。公司的客户种类丰富，覆盖面广，客户基础扎实，客户关系良好。四是人才优势。公司打造了一支专业、勤勉、敬业的团队，可胜任难急多重的创新任务，是公司在经济发展新形势下实现跨越发展的重要保障。

近些年，中央结算公司坚持统一登记托管这条工作主线，敏锐把握金融市场发展需要，确立了"两个转型"的发展路线，在此指导下，公司不仅核心基础业务均实现连年稳定增长，作为债券市场核心基础设施平台的优势地位得到进一步巩固，"多元化、集团化、国际化"的部署初现成效，多元化布局逐步完善，集团化架构稳步构建，国际化战略加快推进，这些都提高了公司的竞争优势，为公司有效应对纷繁复杂的外部环境和发展中的诸多挑战奠定了良好基础。当前，金融基础设施建设已提升至国家战略高度，面对新形势和新任务，我们必须不忘初心，坚定信心，以此战略规划为发展路线图，继续集中力量做好自己的事情，不断开拓发展新境界。

《债券》：回顾历史不难发现，中央结算公司走过的是一条从单一发行登记托管机构，到逐步多元化格局的开拓、创新、发展壮大之路。请问水董事长，未来多元化仍旧是公司的主要战略任务之一吗？除此以外，公司还将在未来五年内完成哪些战略任务？

水汝庆：中央结算公司从国债集中托管起步，持续深化核心服务领域，大力开拓创新业务领域，逐步发展成为各类固定收益证券的中央托管机构，近年来又逐步拓展到一些金融资产。但多元化仍是公司的主要战略任务之一。公司提出的多元化是坚持专业化基础上的多元化，不仅仅是一个产品拓展的概念。我们要坚持统一登记托管结算的主线，持续推进"两个转型"，发挥公司专业化和规模化优势，提升服务精细化和标准化水平，不断在产品、市场、服务、客户、资本等多维度取得突破，培育打造公司新的增长极，巩固公司在促进金融基础设施整合发展中的主体地位和引领作用。

为实现多元化战略任务的要求，我们要做好以下六方面工作。一是坚持与完善债券核心基础服务功能。这就要求继续做优、做实、做强发行、登记、托管、结算等核心基础业务。如：构筑功能完善的发行服务体系，支持债券市场化改革和信用体系建设，拓展政策性操作功能；建立跨市场多产品的统一登记托管体系，支持债券市场统一互联和跨市场交易，支持柜台市场发展，研究拓展税务和企业行动服务；打造开放包容统一的结算体系，建立全面支持多产品、多币种、多渠道的 DVP 结算机制，完善结算风险管理机制等。二是增加中债价格指标产品应用的广度和深度。持续提升产品质量与品牌，打造新一代中债价格指标系统，加快产品系列化、国际化建设，拓展产品分类和应用。三是打造担保品管理服务升级版。提供多功能、跨市场、国际化的担保品管理服务，打造中债担保品管理品牌，拓展担保品管理服务领域和功能。四是拓展金融产品综合服务领域。深化贷款市场服务，拓展理财市场服务，参与信托市场建设，加强中债金联系统建设，支持创新产品和金融资产流转结算和非标资产流转平台建设。五是深化创新研发服务。打造专业特色智库，形成多层次智库体系，深化政策对策咨询，支持建设创新型公司发展、大国金融改革创新和多层次金融市场监管需求。六是强化数据服务功能。提升数据对公司品牌、话语权及影响力的助推作用以及对业务、技术和管理创新的支持。

中央结算公司未来五年有三大战略任务，除多元化外，还要在集团化和国际化的发展上取得突破。公司目前已经形成了"一参多控，三地协同"的集团化企业架构，下一步要抓住集团化拓展和集团化管理两个重要方向，加强资源协调和组织合力，打造金融基础设施综合服务集团，实现集团综合实力跨越式发展。实现这一任务目标需要从以下三方面下功夫。一是优化集团组织架构。通过事业部和分支机构的设立，加快金融基础设施集团组建，拓展服务区域，提高服务能力，提升服务质量。二是推进战略协同。集团内部要实现战略高度协同、管理高度融合、资源高度共享。要形成完整的集团战略规划体系，出台集团管控指引，提高集约化运营水平。三是打造集团客服新模式。建立涵盖客户支持、客户信息管理和需求管理、客户营销的全方位集团客户服务体系。确立集团品牌形象战略，加强产品服务的规范化、标准化和谱系化。

在国际化方面，未来五年，中央结算公司要在金融开放前沿布局，统筹考虑人民币债券在岸和离岸市场，以国际化能力建设为支撑，有序推动国际化服务由点及面拓展，建成与人民币国际地位相适应，跨境互联、辐射全球的核心金融基础设施，不断提升国际竞争力和影响力。

为此，我们一是要强化国际化服务能力建设，如：加强跨境标准化建设；为跨境债券投资者提供税收服务支持；实现中央结算公司服务信息英文化；积极参与多边组织建设，实现国际交流在更高层次的务实合作。二是要推动跨境业务立体化布局。统筹支持在岸和离岸债券发行；配合市场开放整体布局，完善推广中央托管机构互联，打造债市开放升级版；拓展跨境担保品管理；深化跨境信息合作。三是要打造公司国际化窗口。配合国际金融中心建设，筹建人民币债券跨境发行平台、跨境结算平台、担保品管理中心，对接国际交易平台，通过自贸区实践形成可复制可推广的开放业务模式。

《债券》：可以预见，实现了这些战略目标和任务，中央结算公司将跃上新台阶，公司作为重要金融基础设施在国内乃至国际市场的影响力和竞争力也将进一步提升。请问水董事长，就公司内部而言，需要从哪些方面强化"内功"，以保证上述战略目标的实现？

水汝庆：为了实现这些战略目标和任务，中央结算公司将从以下四方面强化"内功"，为提升核心竞争力提供战略保障：

一是加强党建和思想文化建设。必须毫不动摇地坚持和加强党的领导，把坚持党的建设和中央结算公司转型发展、支持国家战略实施同步谋划，把全面党建和企业文化建设有机融合，为公司发展提供坚强的政治保障、组织保障和思想保障。全面加强党建工作，要求我们紧密结合公司建设国家金融基础设施的实践，深入落实中央关于在国有企业改革中加强党的领导的具体举措，提升以党建促发展的能力。加强公司文化建设，需要综合发挥党政工团组织作用，培养员工职业精神，强化公司社会责任，构建文化软实力，形成公司发展的可持续内生动力。

二是实施战略性人力资源管理，实现人力资源各要素之间、人力资源与中央结算公司战略之间的高度契合，发挥人力资源在战略决策和执行中的重要作用，推动公司战略的有效实施。一要夯实人力资源基础，形成现代企业人力资源管理制度体系。二要优化人力资源配置，完善职位职级体系。三要深化人力资源开发，建立完善员工职业发展规划、导师制度、轮岗等机制，推进学习型组织建设。四要完善人力资源评价和激励约束机制，促进公司战略目标与员工个人绩效的有效衔接。

三是加强 IT 战略支撑。按照核心金融基础设施的高标准，树立运营服务思维导向，促进 IT 与集团战略一致并高度融合，实现"业务驱动"与"IT 引领"良好互动，IT 治理与 IT 建设并重，顶层设计与重点布局结合，通过核心掌控提升企业竞争力。一要建立 IT 顶层设计。完善 IT 企业架构，全面指导 IT 系统规划、建设和运营；完善 IT 组织机构，形成完整的 IT 治理体系；建立 IT 服务架构，规划集团统一服务目录；参照国际标准和行业最佳实践，优化 IT 服务和管控流程；推行集团化 IT 开发模式，整合集团资源，打造统一高效的基础组件和公共服务。二要紧扣新技术导向的技术路线。跟踪金融行业 IT 发展动向，建立组件化、平台化、面向服务的集团 IT 架构体系。打造新一代技术平台，兼顾安全、高效、用户友好。三要推进精细化数据路线。形成符合公司数据战略需要的大数据技术框架，构建集团数据模型和统一的业务视图。四要夯实稳定高效的安全路线。建立风险导向的信息安全架构，贯彻集团分级业务连续性管理机制要求，完善体系建设，实现集团风险管控目标。五要树立全局意识的标准化路线。

四是强化综合管理。按照建设现代化金融服务集团的高要求，将长远宏观的体制改革与日常微观的管理机制优化紧密结合，协同推进，寓管理于经营，以管理出效益，以管理促发展，主要从以下四方面着手：一是创新体制机制改革，坚持现代金融企业理念，推进公司治理体系现代化。二是完善全面风险管理，加强全面风险管理组织、制度和文化建设，以业务连续性为首要目标，覆盖各类风险，强化风险管理三道防线，建立全面授权管理机制，提升规范化、标准化水平，为外部管理市场风险和系统性风险提供有效支持。三是加强财务管理，提升财务分析的决策服务功能，发挥财务资源配置的保障作用。四是加强办公运营管理，形成适应"多元化、集团化、国际化"需要的标准化办公体系，提高后勤保障服务能力。

《债券》：供给侧结构性改革正在深入推进中，请问水董事长，债券市场该从哪些方面支持实体经济供给侧结构性改革？债券市场也是供给侧的重要组成部分，债券市场本身又该如何进行供给侧结构性改革？

水汝庆：供给侧改革提到的"去产能、去库存、去杠杆、降成本、补短板"，都需要以融资结构的改革为基础。这客观上要求我国必须借助大力发展多层次资本市场来提升直接融资比重，为企业的创新、经济的转型和不良资产的化解提供资金支持，切实提升资本市场对实体经济的服务效率。在这当中，债券市场大有可为。

发挥债券市场对供给侧改革的支持作用，主要表现为：一是其核心在于引导资金合理配置，主要通过消除金融市场的定价扭曲，形成有效的收益率曲线，促进货币政策传导作用。二是降低企业融资成本，主要通过提高资金供给效率，提高企业融资可获得性，促进债券流动性和治理效益外部化显性化产生作用，缓解"融资难""融资贵"的困境。三是促进地方政府降杠杆，化解地方债务风险。四是促进经济结构调整，主要通过培育壮大"新动能"、提升改造"旧动能"、弥补养老失业等社会发展短板等途径起作用。

同时，债券市场自身的改革发展也应当体现供给侧改革的要求，以市场化扩容、产品创新、风险管控、基础设施建设、对外开放等为着力点，实现良性稳健发展，切实提升市场的服务效率。具体来说，一是应通过加快市场化机制改革，提高市场流动性，进一步增加债券市场供给。二是应遵循"创新、协调、绿色、开放、共享"五大发展理念，推进产品创新和主体多样化。三是要有序打破刚性兑付、消除信用市场定价扭曲，同时要健全规范化、法制化的信用风险处置机制，维护投资人的合法权益。四是加强基础设施领域改革发展。一个统一、安全、高效、开放、强健的债市基础设施是服务供给侧改革的重要支撑。顺应国家战略发展需要，建立统一高效的中央登记托管结算体系；更好地完善收益率曲线的定价基准作用；发挥债券担保品的金融稳定器作用。五是增加有效制度供给，促进市场开放。完善法律、税收、交易等相关制度，实现入市便利，吸引更多符合条件的境外机构投资者参与我国债券市场； 通过境内外中央托管机构互联，用行之有效的制度安排，打造债市开放升级版；建立一揽子跨境发行监管框架；允许境外投资者以套期目的参与外汇、回购、衍生品等配套市场。相信通过债券市场一系列有力的供给侧改革措施，我国金融效率将实现一次质的飞跃。

（本文原载于《债券》2016 年 11 月刊）

"一带一路"与信用评级体系建设

陈全生

"一带一路"建设非常需要加强信用评级体系建设。"一带一路"建设的重点是基础设施、互联互通等。"一带一路"沿线国家对于基础设施建设有着巨大的需求,但是这些国家多为发展中国家,拿不出这么多钱,也没有这么高的国内储蓄,不能解决基础设施建设所需要的资金问题,所以我们发展经济共同体得把这个问题解决好。搞好基础设施建设,才能互联互通。

根据亚洲开发银行预测,未来十年亚洲基础设施建设需要 8.22 万亿美元,每年需要投入 8000 多亿美元进行建设。基础设施建设最突出的特征为投资量大、回报稳定、回报期长,因此有关信贷人的信用评价必须被提上日程。基础设施建设需要使用银行贷款,为保证贷款安全必须对国家主权信用进行评级、对企业信用进行评级、对证券信用进行评级。信用评级的重要意义也就更加突出。目前各国都有各自的信用管理

本文作者时任国务院参事。

体系，但既然我们要建设命运共同体，就要大合唱，就要步调一致。

信用有两种，一种是传统意义上的"信用"，一种是现代经济中的"信用"，两者是既相同又有区别的两个概念。两者相同的地方，就是都要遵守诺言，都要以诚待人，以诚取信。但也有区别。传统的"信用"，是说话算话，一诺千金，这是古人的一种美德，是自古为人传颂的社会美德，不仅为立身处世之本，也被用来治国安邦。它属于意识形态范畴，经济意义不多。而现代经济生活中的"信用"，则是指一种经济资源，且是可数量化、具有经济价值的资源。现代经济生活中，有钱不一定有信用，但有信用一定有钱。通俗地说，现代经济的信用，就是说话算钱。现代经济的信用是资金、资源、财富。

从中国来讲，信用应该有上千年的历史。古人云，"人无信不立，业无信不兴，国无信则衰"。但现代经济中的信用形成了一个完整的管理体系，信用征集、信用评级、信用咨询服务成为专门的行业，信用报告成为可以买卖的商品只有 150~160 年的历史。改革开放以来我国成立的第一家信用公司也不过 20 多年的历史。我大约是 1992 年从审批第一家信用公司开始接触和研究信用的。那时，党的十四大确立了社会主义市场经济体制。市场经济就是契约经济、合同经济，搞经济，做生意，就要履行契约，执行合同。但是经济生活中就是有不履行契约的，就是有完不成合同的，怎么办？就得制裁，就得惩罚。

在制裁惩罚的过程中，人们发现失信行为有两种：一种是不法的失信行为，如欺骗诈骗，这绝对是失信，是不法的失信。另一种是不良的失信，有 90%~95% 的失信都属于不良的失信行为。所谓不良，就是还没有达到违法的程度。比如我没还你钱，不是我不想还你钱，而是他没还我钱，他也不是不想还我钱，而是另一个他没还他钱，你怎么惩罚我？这些不良的失信行为，如果不惩罚，契约无法履行，合同无法完成，而要惩罚，如果把这些内容都纳入法律条文中，法律文本得多厚，执法的成本得多高？

在这种两难的情况之下，人们想出了一个办法，就是建立信用体系，用信用体系惩治那些不良的失信行为。对不法的失信行为，通过司法体系，即法院、公安、检察、司法机关来惩罚，惩罚的手段就是强制力，给你戴上手铐，关进监狱，监狱围墙圈住你，使你没法和人交往，失去了自由。对不良的失信行为，则通过信用体系惩处。执行惩处者是全社会所有的法人和自然人，执行的方式是非暴力，即"不交往""不信任""不理你"或"歧视你"。这些虽不具有强制性，但却具有强大的制裁和威慑力量。一旦失信，信用体系将把你对一个人的失信，通过信用体系转变成你对全社会所有人的失信，引发全社会的愤怒和制裁。其后果是，无人与你做生意，无人给你贷款，无人为你担保，无人聘你为雇员，也无人愿被你聘用。

失信者不仅在道德上受到社会谴责，经济上也将受到损失，特别是损害了自身的长远利益。信用体系利用千万双社会成员的眼睛去监督，监督高效；动用社会各方面力量去惩处，惩处有力。信用体系使每个社会成员对失信都望而却步，由此契约得以履行，合同得以完成；也由此，市场行为得以规范，市场秩序得以维护。可以说，信用是高悬在人们头上的一把利剑，保护守信者，制裁失信者。建立信用体系就是建立一种社会惩罚机制，形成一种强大的社会威慑力量。

"征"，在国家层面应用在三个地方：一是征税，二是征兵，三是征信。

我们必须把信用信息征集起来，然后才能建立信用体系。在法律允许的范围，从空间和时间两方面征集信用信息，信用信息的完整性决定信用的有效性。完整性表现为两方面：一是全面性，假设我有10个信用信息，9个都很好，说我是个好人，但那剩下的一个信用信息是曾经诈骗的记录，所以说信息必须全面。某一方面良好的信用记录不能说明问题，需要全面、全方位的信用信息。二是连续性，不仅要有信用的历史记录，而且要随时补充新的信用记录。历史记录要根据信用行为的性质不同，确定不同的保存期限。当前的信用记录要按照信用行为的发生随时添加，连续不断地充实新的记录。

"一带一路"建设发展过程中，在信用这个问题上，我们应该形成一些共识，做好这方面的交流和沟通。（本文仅代表个人观点，不代表所在机构意见）

（本文原载于《债券》2017年7月刊）

坚持合作与共赢　推动亚洲信用体系建设

陈洪宛

当前，我们探讨亚洲信用体系建设和亚洲评级行业发展具有十分重要的意义。2013 年 10 月，李克强总理在第 16 次东盟与中日韩领导人会议上指出，打造亚洲货币稳定体系、亚洲信用体系和亚洲投融资合作体系，以促进本地区金融稳定，进而推动经济发展。2015 年 3 月，中国政府发布的《推动共建丝绸之路经济带和 21 世纪海上丝绸之路的愿景与行动》中指出：深化金融合作，推进亚洲货币稳定体系、投融资体系和信用体系建设；推动亚洲债券市场的开放和发展，支持沿线国家政府和信用等级较高的企业以及金融机构在中国境内发行人民币债券；加强金融监管合作，加强征信管理部门、征信机构和评级机构之间的跨境交流与合作。由此可见，推进亚洲信用体系建设，已成为当前和今后一个时期内深化亚洲区域合作的一个重点环节。

随着亚洲各国经贸往来的增多，资金融通日益紧密化、自由化，打

本文根据作者 2017 年 4 月 21 日在"首届亚洲信用评级机构 CEO 峰会暨系统性风险国际研讨会"上的发言整理而成。作者时任国家发展改革委财政金融司副司长。

破固有的分化格局，打破跨国信息不对称，构建稳健可靠的、属于亚洲自己的信用体系，已显得尤为重要和迫切。下面，我简要介绍中国信用体系建设的进展情况，并对推进亚洲信用体系建设谈些认识。

中国信用体系建设成效初显、氛围渐浓

中国政府高度重视，大力推进社会信用体系建设。2013 年《征信业管理条例》出台，2014 年《社会信用体系建设规划纲要（2014—2020 年）》发布，2016 年重点领域诚信建设等 6 个信用建设改革性文件先后印发，社会信用体系建设部际联席会议成员达到了 46 家。

近年来，中国社会信用体系建设已经取得了一系列的突破性进展。

一是建立了统一的社会信用代码制度，使每个自然人、法人和其他组织都有了唯一的身份标识，有关信用记录均可记在其名下。

二是建立了全国信用信息共享平台。平台已连通了 37 个部委和所有省市区，累计归集了各类信用信息近 8 亿条，推动解决了部门之间信用信息孤岛的问题。

三是开通了"信用中国"网站。归集发布各地方、各部门和向社会公开的信用信息，并提供一站式的查询服务，网站的日访问量已突破300 万人次。

四是建立了守信联合激励和失信联合惩戒机制。60 多个部门在税收征管、工商监管、上市公司、法院执行、安全生产、环境保护、食药管理、产品质量等 15 个领域签署了联合惩戒的备忘录。同时针对 A 级的纳税人、优秀青年志愿者、海关高级认证企业等三类主体签署了联合激励备忘录，旨在增加失信成本，提高守信收益，推动了跨地区、跨部门、

跨行业的监管协同。

五是推动了政府部门与社会信用服务机构的合作。通过创造政府需求，培育和规范信用服务市场，已经在煤炭、电力、石油天然气、交通物流、企业债券、创业投资等领域引入了第三方征信机构，参与了行业信用建设和信用监管。

亚洲信用体系建设重在合作、意在共赢

信用体系是市场经济的基石，亚洲作为当今世界经济体中最具活力的地区，亟待建立亚洲国家普遍认可的信用体系，规范市场秩序，防范信用风险，提高信用话语权，为区域经济发展提供新的动力。国家发展改革委作为中国社会信用体系建设的牵头部门之一，在积极推进国内信用体系建设的同时，愿意与亚洲国家和地区的有关主管部门、市场机构以及国际组织，进一步加强交流与合作，不断推进亚洲信用体系建设。

一是建立合作机制与合作联盟。亚洲国家和地区的政府、信用服务机构、社会组织之间应建立多层次的信用合作沟通交流机制，增进合作互信，达成合作共识，积极推动成立亚洲信用体系建设合作联盟，共同制定信用合作措施，整合开发信用信息资源，促进成果分享。

二是建立信用相关法律制度研讨机制。通过不断深化法律制度研究，推动亚洲国家在信用法律法规、征信机构监管、数据标准规范、文化观念等方面的趋同，特别是在法规制度的建设中，应该互相学习借鉴，取长补短，共同提高和完善。

三是建立信用信息共享机制。明确政府部门、市场机构信用信息的

共享条件、范围和程度等，在合法、安全的基础上推进信用信息的跨国流动，便于判别有关市场主体的信用状况，防范信用风险，服务跨国经贸和投融资活动的信用信息需求。

四是建立联合奖惩机制。建立境外投资的国内企业和外来投资的国外企业信用记录，对严重违法的失信主体建立黑名单，梳理法律法规和政策规定明确的惩戒事项，建立严重违法失信行为联合惩戒措施清单。通过共享黑名单信息，各国将其列为重点监管对象，依法依规实施惩戒措施。

五是加强信用服务机构的跨国合作。信用服务机构在信用建设中起着重要支撑作用，各国应注重培育发展征信、评级等信用服务机构，鼓励各国信用服务机构加强有效合作，实现资源共享、优势互补，以市场化的方式增进信用信息互通和信用产品互认。

在经济全球化过程中，促进资源优化和高效配置，有效识别贸易和投资风险，需要建立科学、公正的世界信用体系。亚洲信用体系是世界信用体系的重要组成部分，需要各国奉献智慧和力量，共同合力打造。当前亚洲信用体系建设既面临挑战也充满机遇，构建亚洲命运共同体，就要不断增进亚洲经济交流与合作。我们愿与各国一道，凝聚共识，加强交流，深化合作，携手推进亚洲信用体系建设。

（本文原载于《债券》2017 年 5 月刊）

透视"灰犀牛"

张承惠

所谓风险，就是不确定性，就是不清楚事件发生在哪里、什么时候发生以及影响有多大。金融活动的市场主体各种各样，数量巨大，关系错综复杂，千变万化，要将风险说清楚本身就是一个悖论，因为真正能说清楚的风险就不是风险了。

这几年我国高度关注"黑天鹅"事件，列举出很多的风险点，比如房地产泡沫、经济领域高杠杆率、非法集资、影子银行、金融科技风险、流动性风险、担保圈风险及国际冲击的风险等，然而到底哪些会真正成为"黑天鹅"事件，确实难以精准把握。"黑天鹅"是小概率大冲击，小概率显然是难以预测的，那么发现"黑天鹅"就需要洞察力，更重要的还需要想象力。

2003年米歇尔教授提出了"灰犀牛"理论，之后出版《灰犀牛：如何应对大概率危机》一书。由于"黑天鹅"很难预测，大家注意力转向"灰

本文根据作者在"金融街十号论坛——详解'灰犀牛'"上的发言整理而成。作者系国务院发展研究中心金融研究所原所长。

犀牛"，"灰犀牛"随之成为一个热词。认真想一下，"灰犀牛"是无处不在的。例如在宏观层面，气候变暖、空气污染可能是"灰犀牛"；在微观层面，从企业运营到个人职业生涯都可能出现"灰犀牛"。"灰犀牛"不同于"黑天鹅"，它是大概率大冲击，也就是说在"灰犀牛"事件发生之前，是有一系列预警信号和大量微小信息显示此风险可能会发生。但是如何从中分析筛选出真正的关键信息并及时采取对策，就十分考验一个国家政府部门及专家学者处理海量信息的能力，特别是判断力以及更重要的能力——行动力，这点与"黑天鹅"有所不同。

米歇尔的著作成为"灰犀牛"理论的发源。她认为"灰犀牛"风险在于面对危机的麻木不仁、视而不见，这是基于人的本性，即人们都不愿意听不好的消息。政府是由人构成的，也不太乐意听到不好的消息，所以面对"灰犀牛"普遍采取的态度是侥幸，然后是拖延，不去积极采取行动。当"灰犀牛"来到眼前后又惊慌失措，被动采取不恰当的应对措施。前面阶段的侥幸、拖延、回避，会错失应对风险的时机。

那么当下中国的"灰犀牛"在哪里？改革开放以来的近40年，特别是党的十八大以来，我国的金融事业取得了辉煌的成就，同时不可避免地，也出现了一些问题和风险，存在大大小小的"灰犀牛"事件。前面列举的风险点都可能成为"灰犀牛"。而我认为中国金融最大的"灰犀牛"就在于中国金融体系效率相对较低，自我化解风险能力相对较弱，总体上看仍然比较脆弱。

具体来说，首先是中国金融体系效率有待提高。从宏观来讲，和国际一流的金融市场相比，我国金融市场资源配置效率还存在一定差距。从行业本身看，我认为中国金融领域存在着结构性产能过剩和结构性供给不足。我们看到依然有大量的中小微企业存在融资难融资贵的问题；大量的创新活动，得不到有效的金融支持；在中国加大对外开放的背景下，对中国走出去企业的金融服务相对来说仍较欠缺。其次，金融市场自我化解风险的能力较弱。不能仅靠政府力量来化解危机稳定市场，市场本身就应该具有自我平衡调节能力。而无论从广度、深度，还是从弹性以及创新力来看，我国金融市场都存在一定差距，导致市场的自我化解风险能力相当弱。最后，金融体系不够成熟健全，存在资本市场效率低、中小银行流动性风险、内部风险管理能力偏弱等问题。

在党的十九大讨论中，周小川行长谈到，他担心的可能的金融风险，是金融机构大面积不健康，是"明斯基时刻"（金融资产价格突然崩溃）。郭树清主席说要关注信用风险，中小银行流动性风险。我觉得这些判断都是非常准确的。这些风险背后反映的是我们金融体系不成熟，效率相对低下，而且自我风险管理能力偏弱。

造成上述问题的原因有三：第一，金融环境的影响。一是在产能过剩大背景下，实体经济特别是一些制造业企业的产出和效益在下降，这对金融机构特别是对银行影响非常大。二是在市场化的过程中，金融市场的市场主体不断增加，特别是非持牌机构和持牌机构之间的竞争激烈，非持牌机构在某些方面存在一些竞争优势。三是一些地方政府对金融机构、金融活动的过度干预。例如据我们调研，在信贷扩张时期，在地方政府支持引导之下，很多企业对不了解的其他企业提供了担保，形成了大量担保圈，有的大担保圈涉及企业数量达到数千家。这些担保圈在经济环境发生重大变化时，不少都出了问题，牵连很多健康企业不能正常生产运营，并给银行造成了新的风险。

第二是金融机构内部的问题。一是公司治理机制不完善，股东履职不到位不规范，大量金融机构行为短期化。例如，很多地方民资控股的金融机构股东不追求企业的长期可持续发展，而仅仅关注怎样尽快盈利，尽快让金融机构作出对其有利的信贷决策。二是由金融机构内部风险控制的动力不足。我常跟别人说，不能光靠监管部门管控风险，金融机构自身必须有管理风险的动力，就像一个小孩自己不想学习，光靠父母监督，仍然是学不好的。三是金融机构的激励约束机制还需完善。目前约束机制较强，激励机制不足，而约束机制也存在一些问题，由此导致出现较大程度的人才流失。

第三，金融体系的市场化程度还不足。一是目前中国大多数金融机构恐怕都不是真正独立的、能够"四自"的市场主体。例如商业银行，职能定位仍然不够清晰。1994年我国成立三家政策性银行，目的之一是让商业银行真正走向商业化。20多年过去了，政策性银行和商业银行边界仍不够清晰，政策性银行做了商业银行的业务，商业银行也在一定程度上履行了本应由财政或政策性银行承担的职能。二是政府的一些过度干预行为，会导致经济信号扭曲；一些政策的随意性过强，会使得市场预期不确定。三是市场退出机制不健全，对金融机构没有强有力的市场约束，导致短期行为、寻租行为、投机行为盛行，稳健经营的机构得不到肯定，劣币驱逐良币现象时有发生。四是灰色地带的存在导致了一些套利行为。现在监管部门都在高度关注灰色领域，但在很长一段时间内它是存在的，目前也未完全消除。五是金融基础设施仍存在一些薄弱环节，特别突出的是金融法治，以及征信评级的体制机制仍然存在一些缺陷。

改革开放以来，随着我国的金融体制不断发展强大，金融监管不断完善，金融机构实力不断增强，我认为中国完全具备解决灰犀牛问题的能力。前提是要做正确的判断、正确的决策并采取正确的行动。

米歇尔教授的三个观点非常重要。一是不要只听肯定和相同的意见，要善于倾听不同的意见，吸收不同的观点，把不同的观点综合起来做理性客观的分析，找出问题的实质，做出对问题性质的判断。二是不要静止不动，当我们判断有风险时，要采取行动，哪怕即便没有能力采取人的行动，也要采取小的改善性行动。三是不要浪费危机，要把危机看成机遇，从危机中总结经验教训，从过去金融风险处置过程中找到经验教训，提升自己风险防范的能力和水平。总之，道路是曲折的，前途是光明的。

（本文原载于《债券》2017 年 11 月刊）

金融安全网建设至关重要

魏加宁

金融安全网理论的提出，对于防范金融危机至关重要。金融安全网存在漏洞，是 2008 年国际金融危机发生的重要原因之一。建立健全金融安全网，将是未来国际金融体系改革的主要议程，也是我国"十三五"时期的金融基础性改革之一。

什么是金融安全网？

狭义的金融安全网就是指存款保险制度。广义的金融安全网则包括金融机构的内控制度、外部的审慎监管，甚至还包括政府的危机救助。而金融安全网的核心内容是"三大支柱"或称"三大防线"。

第一支柱是外部的审慎监管功能。其目的是维护信用秩序；其主要任务是制订游戏规则，然后监管金融机构是否违规；其手段是现场检查和非现场检查等。

本文作者时任国务院发展研究中心宏观经济研究部研究员。

第二支柱是中央银行的最后贷款人功能。其目的是防范系统性风险，维护金融市场稳定；其主要任务是解决金融机构的流动性问题。其政策手段主要是再贷款等货币政策；其趋势有两个，一个是加强中央银行的独立性，另一个是使宏观货币政策与微观银行监管相分离。

第三支柱是存款保险制度。其目的是保护中小存款人利益；其任务是"付款箱"功能、金融机构重组功能（有人认为还应当包括辅助监管功能）；其手段是"限额保险"。从发展趋势来看，其覆盖面正在扩大，除了存款保险以外，还有证券投资者保护基金、保险保障基金等。

从金融安全网角度看 2008 年国际金融危机发生的原因

观察 2008 年国际金融危机可以有多种角度，从而得出不同的结论。这里，仅从金融安全网的角度来分析，似乎可以看到以下情况：

（一）关于美国次贷危机

2008 年国际金融危机是由美国次贷危机引发的，究其原因，从金融安全网的角度来看，是由于美国金融安全网存在明显漏洞。

1. 关于第一支柱

首先，与各国相比，美国的金融监管体系由于不断地"打补丁"，因而可能是世界上最为复杂的模式之一。美国金融监管实行所谓的"双层多元"模式，即在联邦一级有联邦储备体系、货币监理署、联邦存款保险机构、证券交易委员会等；但却没有全国性的保险监管机构。而在州一级，又有银行监管委员会、保险监管委员会等。体制错综复杂，既存在重复监管，又存在监管漏洞。其次，美联储身兼二职，既掌管宏观货币政策又负责部分银行的微观监管职责，容易导致二者的同步震荡。最后，近年来，尽管美国混业经营的趋势日益明显，但是其监管体制并未及时做出相应调整，导致监管漏洞出现。

2. 关于第二支柱

进入 21 世纪以来，美联储的独立性被明显削弱。2000 年 IT 泡沫破裂以后，美联储实行过度宽松的货币政策，成为美国政府实现"居者有其屋"社会政策的一个工具，结果制造了巨大的房地产泡沫。美国次贷危机爆发以来，美联储的独立性非但没有加强，反而更加弱化，其失衡的货币政策所潜伏的隐患将在今后逐步显现。

3. 关于第三支柱

应当承认，如果没有美国联邦存款保险制度的存在，美国的这场金融危机还不知道会演变成什么样子。但是也应当看到，美国的存款保险制度保护的只是银行存款，没有覆盖到证券、保险等非银行金融机构，导致一些投资银行、保险公司等金融机构出现了"交易对手挤提""退保"等现象，并因此出现集中倒闭事件，引起金融市场震荡。

（二）关于国际金融危机

美国次贷危机迅速蔓延成国际金融危机，从金融安全网的角度来看，可以说主要是由于国际金融安全网几乎不存在。

1. 在第一支柱上，明显缺乏一个强有力的国际金融监管机构

目前，虽有国际清算银行（Bank for International Settlements, BIS）、巴塞尔银行监管委员会（Basel Committee on Banking Supervision, BCBS）、国际证券事务监察委员会（International Organization of Securities Commission, IOSCO）、国际保险监管协会（International Association of Insurance Supervisors, IAIS）及联合论坛（The Joint Forum）[1] 等，但大都为协

会性质或论坛性质的机构，而非实质性的跨国综合监管机构。

2. 在第二支柱上，最后贷款人功能不健全，国际货币体系存在明显缺陷

"二战"后初期实行的布雷顿森林体系，虽然由美元主导，但是有35美元兑换一盎司黄金作为约束条件，美元尚不能任意发行。20世纪70年代，布雷顿森林体系瓦解，对美元的约束条件消失，但是美元的主导地位依然存在，于是就出现了美元作为主要储备货币，可以任意发行却不受任何国际约束的奇怪局面。因此国际金融市场上缺少一个能够对国际储备货币进行有效约束的世界中央银行。

3. 在第三支柱上，存款保险资金捉襟见肘，且不能覆盖所有投资者

此次国际金融危机以来，各国纷纷调整各自的存款保险限额，美国将其调高至25万美元，而有的国家干脆实行临时全额保险。各国各行其是，明显缺乏国际协调。甚至在一些国家，如美国，银行倒闭规模迅速扩大，导致存款保险机构资金捉襟见肘。此外，存款保险不能覆盖所有证券、保险等其他投资者，这也是此次危机迅速蔓延的一个重要原因。

从金融安全网的角度看未来国际金融体系的改革方向

目前，围绕着国际金融体系改革的话题，众说纷纭。但如以金融安全网（三大支柱）的理论框架作为分析工具，我们就不难找出正确的方向。

（一）关于第一支柱：成立国际性综合监管机构

从国际金融监管体系的角度来看，应当推动金融审慎监管的国际

协调，早日成立一个能够肩负起跨国、跨金融业态的国际性综合监管机构。最近的一个趋势是，国际社会在努力强化金融稳定委员会（Financial Stability Board, FSB）[2]的作用，但能否最终发展成为跨国、跨金融业态的国际性金融综合监管机构还需世界各国达成共识并付出艰辛努力。而笔者认为，国际清算银行（BIS）可能更适合于做国际金融监管的协调者。

（二）关于第二支柱：成立世界性中央银行

从国际最后贷款人的角度来看，最理想的方案是成立世界性中央银行，发行统一的世界货币。但是从目前来看，这一方案路途尚遥远。作为一种过渡方案，可以考虑以20国集团（G20）为中心，成立一个"国际中央银行"，在一定范围内对超主权货币进行超主权约束。但此种方案的功效有一定局限，只能在20国集团的范围内发挥主要作用。

作为现实可行的替代方案，可以将现有的国际货币基金组织（International Monetary Fund, IMF）改造成未来的"世界中央银行"，但条件是必须增强中国等发展中国家的发言权和投票权。

（三）关于第三支柱：做实国际存款保险协会

从存款保险角度来看，应当将现有的国际存款保险协会做实，使之成为一个具有较强协调能力并具有一定资金实力的国际存款保险再保险机构。此外，还应当逐步督促各国将存款保险的保障范围扩展至证券、保险等非银行金融机构，形成一个全面覆盖各类投资者的保障机制。

总之，只有将国际金融安全网尽快建立健全起来，才有可能有效防范各种金融危机，以及防范金融危机由一国范围演变成国际性金融危机。

加快完善我国金融安全网建设

对于金融领域改革与开放的顺序问题，即究竟应当是先改革后开放还是先开放后改革的问题，国内外学术界一直存在争议。麦金农的《金融自由化的顺序》一书，虽然明确阐述了作者自己的观点，但并未能平息这场争论。

对于中国来说，放眼当前世界经济形势，发达国家经济普遍走弱，国际金融市场动荡不定，各国汇率此起彼伏，因此正是推进人民币国际化的大好时机。但是，如果从国内金融体系状况来看，在金融机构改革尚未真正完成，利率市场化随时存在逆转的可能，金融安全网存在诸多漏洞的条件下，过快推进人民币国际化，就必然要冒巨大的外部风险，也很难经得起国际金融市场动荡的冲击，搞得不好还会出现倒退局面，重新实行外汇管制或冻结利率汇率。

因此，从稳妥的角度来看，首先还是应当加快推进国内金融改革，尤其是利率市场化、金融机构民营化以及金融安全网建设这三大基础性改革。这三项改革做不好或者不到位，其他方面的改革就无从谈起，即使是勉强异军突起也会带来较大风险，可能在出现危机后再倒退甚至退回到原点。受篇幅所限，本文仅谈金融安全网建设这一基础性改革。关于我国金融安全网建设，仍应从三大支柱着手。

（一）第一支柱：理顺监管体制

在审慎监管者方面，中国目前面临着两大关系需要加以理顺。

1. 经营方式与监管方式存在错位，金融监管面临巨大的结构性风险

从经营方式与监管方式的关系来看，要么是分业经营—分业监管，要么是混业经营—混业监管。但是，中国金融监管领域目前面临的最大结构性风险就是，一方面在力推混业经营，而另一方面又坚持分业监管不变。这种监管体制与经营体制的扭曲和错配，必然会导致监管真空，形成金融隐患。美国次贷危机就证明了这一点：次级抵押贷款原本是一个银行业产品，将其证券化以后就跨到了资本市场，然后又给它上了各种保险之后就跨到了保险市场，因此在次贷产品层面上三个市场已经被打通，但是美国实行的是分业监管体制，以至于从每一个监管者的角度来看，自己所管辖的领域都似乎平安无事，但是整个金融市场却不断积累着巨大的系统性风险。

中国 2015 年的股市大幅下跌也再次证明了分业监管已经越来越不适应金融市场的发展，尤其不适应混业经营快速推进的态势。因此，必须加快推进金融监管体制改革，最好能够将"三会"合并，即使暂时还合并不了，至少也要在"三会"之上尽快建立起有效的监管协调决策机制，以应对日益深化的混业经营趋势和相互贯通的系统性风险。

2. 中央与地方之间的关系不顺，地方政府有发展动力而无监管职能

长期以来，我国一直强调要维护全国统一的金融市场，因此迟迟不肯赋予地方政府一定的金融监管权限。但是一方面，从理论上讲，金融市场实际上是分层次的，并非所有金融机构都一定要跨区经营，更非所有金融风险都一定会跨区冲击。如果所有金融机构，不分大小，不分经营范围，都一律由中央政府统一监管，那么就有可能出现因信息链条过长而出现信息时滞、信息失真和决策时滞。

另一方面，从现实来看，近年来全国各地各级政府大都设立了形式各异、职能不同的金融办。这些金融办有一个共同特点，就是大都只关心发展本地区各种类型的金融产业，但对于随之而来的金融风险却不闻不问或视而不见，于是就在地方层面形成了金融发展有动力、金融风险无人管的收益、风险与责任不对称的畸形局面。

我们早在 2006 年的《金融领域中央与地方关系》课题研究中就明确提出应当实行中央与地方分级监管，主张赋予地方金融办一定的金融监管权限；后来又进一步提出三级监管的主张，以便与财税改革和行政体制改革中将五级政府变为三级政府的改革目标相一致。

所谓三级监管，有三层含义：首先，凡全国性金融机构、全国性金融交易市场，包括外资金融机构，均由中央政府统一监管；其次，凡地方性金融机构、地方性金融交易场所，包括城市商业银行、农村商业银行、信用社，地方性金融交易所等，都一律由省级政府负责监管；最后，对于那些小贷公司、典当行等准金融机构的准金融活动，应交由市级政府负责监管。为此，需要尽快赋予地方政府（金融办）与其职责相适应的金融监管权限，以使其能够对基层的（准）金融机构和（准）金融活动进行有效监管，并承担相应的救助职责。只有各级政府的责任与收益、风险相对称，才不会出现监管真空。

（二）第二支柱：加强中央银行独立性

在最后贷款人——中央银行方面，主要存在四大问题。

1. 中央银行缺乏应有的独立性

应当承认，在实行了大区分行改革之后，地方政府对于中央银行货币政策的直接干预已经大大减轻，但是迄今为止，货币政策仍会受到来自其他方面的干预，中央银行在货币政策方面的决定权仍然脆弱。

之所以要强调中央银行的独立性，一方面，从理论上讲，国外学者早有大量研究，并且已经成为教科书中的基础知识。另一方面，实践上有的案例就显示出泡沫经济的深刻教训。

2. 货币政策决策机制不规范、不透明

中国要想参与全球治理，首先要实现自己国家治理的现代化，而中央银行的独立性和货币政策决策的规范性，正是市场经济条件下国家治理现代化的基本内容之一。

在加强中央银行独立性、规范货币政策决策方面，当务之急主要有以下两个方面。

一是将中央银行从政府序列脱离，转为对全国人大负责。同时，为了不降低中央银行的权威性，建议将央行行长纳入"三副两高"体制，并且为了确保中央银行的独立性，中央银行需要脱离财政预算管理体系，实行独立核算，直接对人大负责。

二是将货币政策委员会做实，从目前的咨询机构提升为决策机构，实行投票表决，发言记录在案，并延后予以公布（美联储是 5 年以后，日本央行是 10 年以后对社会公开），以供专家学者事后研究参考，实现社会监督和历史问责。

3. 国家外汇管理局定位方面

一个国家在必要的时候稳定汇率是可以理解的，但是稳定汇率就要有人付费，要有人承担成本。在日本等国家，稳定汇率的职能是在财政部，当国家需要稳定汇率时，就会由财政部负责筹资或借款来购买过剩的外汇。在我国，由于稳定汇率的职能在国家外汇管理局，在中央银行下面，当需要稳定汇率时，或者通过发行货币，以外汇占款的形式来实施；或者收缩货币，动用外汇储备来进行，实际上不利于维持货币政策和宏观经济的稳定。因此，建议把外汇局职能转移至财政部下面。

4. 大区行改革有待继续推进

近年来，一些人士提出废除大区分行，回到省分行体制。这里首先需要搞清楚的是，当初为什么要设置大区行？一个重要原因就是为了排除地方政府对货币政策的各种干预。应当承认，自设立大区行以来，地方政府的直接干预已经大大减弱，这是不争的事实。如果贸然倒退，会重蹈历史覆辙。

大区行的体制设计对其功能的发挥有重要影响。在实行大区行改革时，由于未将大区行定位为副部级，大区行的行政级别被人为压低，影响其正常运转。因此，建议将大区行定位为副部级，以加强大区行的作用。

强化大区行的作用还有一个更重要的经济理由，就是货币政策的差异化问题。众所周知，我国幅员辽阔，地区差异巨大，根据以往经验，每当经济升温时，大都是东部沿海地区先行升温，然后是中部地区，最后是西部地区，但每一次宏观调控都是"一刀切"，久而久之，地区间的差距就越来越大。于是就有一个货币政策要不要保留一定地区差异性的问题。在美国，各大区储备局之间是可以存在政策差异的。而中国同样是一个国土辽阔的大国，货币政策是不是也可以有一定的地区间差异？

（三）第三支柱：完善金融投资者保护机制

在投资者保护机制方面，中国早已有了证券投资者保护基金和保险保障基金，经过 20 多年的努力，存款保险制度也终于在 2015 年 5 月正式建立起来。

但目前遗留问题主要体现为以下三个方面：一是应当尽快将存款保险基金独立出来，成为与"一行三会"并驾齐驱的一个法定机构；二是逐步将证券投资者保护基金、保险保障基金与存款保险整合起来，成为一个统一的、全覆盖的金融投资者保障机制；三是加快资金筹集、人员储备、技术培训等准备工作，以应对正在快速暴露的金融风险——因为风险暴露速度可能比我们原先预想的要快。（本文摘编自作者所著《如何实现国家治理现代化》一书，中国发展出版社即将出版；本文内容为作者个人学术观点，与所在单位无关）

注：

1.1993 年初，巴塞尔银行监管委员会、国际证监会组织和国际保险监督官协会成立了一个三方小组，主要研究对大型多元化金融集团的监管问题。1996 年，3 家国际监管组织建立了联合论坛（The Joint Forum），就金融集团的监管提出意见。

2.1999 年 4 月，七大工业国（G7）在瑞士巴塞尔会议上决议成立金融稳定论坛（Financial Stability Forum），通过加强金融监管方面信息交流与合作，进而促进全球金融体系稳定。2009 年 4 月，由于金融风暴重创全球经济，20 国集团（G20）于伦敦高峰会上通过，将原金融稳定论坛改为金融稳定委员会（Financial Stability Board），其权责包括评估全球金融系统优缺、监督各国金融体系进行改革、促进各国政府交换相关信息、建议并加强合作，以及为跨境风险管理制订解决方案等。

（本文原载于《债券》2017 年 3 月刊）

践行发展新理念　开创债市新格局

陈刚明

　　刚刚过去的 2016 年是国家"十三五"开局之年，也是债券市场不平凡的一年。这一年，在主管部门的指导下，中央国债登记结算有限责任公司（简称"中央结算公司"）深入践行新发展理念，发挥国家核心金融基础设施的支撑和服务功能，以务实勤奋的工作和开拓创新的业绩，为公司成立二十周年献上贺礼。

　　一是积极支持市场创新驱动发展。2016 年，中央结算公司承接国家战略需要，制定了公司新时期战略。在此引领下，高效支持市场的持续增长和各项创新的落实。2016 年，中央结算公司全年支持各类债券发行突破 14 万亿元，同比增长 40%，再创历史新高；托管债券总量将近 44 万亿元，占全市场的 78%；办理结算量首次突破 1000 万亿元，占银行间市场的 80%。中央结算公司不断深化核心基础服务：建设新一代发行综合服务平台，加强京沪深三地协同，支持品种创新；探索跨市场

　　本文根据作者在"2017 年债券市场投资策略论坛"上的致辞整理而成。作者时任中央结算公司总经理。

多产品的统一登记托管体系方案，以及支持多币种、多渠道的 DVP 结算机制。中央结算公司持续创新风险管理服务：贯彻落实中央深改组要求，在主管部门指导下，完善国债市场价格监测机制；推广市场隐含评级；充实市场一线监测作用；拓展担保品服务范围，所管理的担保品余额突破 12 万亿元，规模居全球首位。此外，中央结算公司还积极推动市场机制创新，推进预发行、国债做市支持等业务落地，深化三方回购、中央借贷机制准备就位，推进债券专业特色智库建设。

二是扎实服务宏观调控政策协调实施。中央结算公司继续做好国债和地方政府债券的服务工作，推进系统建设和服务优化，加强专项研究，全年累计支持国债发行 2.75 万亿元，支持地方政府债券发行 6.04 万亿元，支持中央和地方国库现金管理 2.2 万亿元。中央结算公司高效配合支持货币政策的灵活高频操作，结算量达 2015 年的 6.65 倍，同时实现常备借贷便利等创新政策工具的电子化操作。持续完善企业债券评估体系，配合推进债券信用体系建设，支持信用债券创新，促进产业政策的有效落实。

三是参与培育绿色金融生根发芽。2016 年是我国绿色债券市场的发展元年，中央结算公司积极践行绿色发展理念，大力参与绿色债券市场建设。全年共支持绿色债券发行 1721 亿元，占其总量的 85%。支持绿色债券创新，深度参与新开发银行首期绿色金融债券、中国银行首只境外绿色资产担保债券的发行。加强绿色金融基础设施建设，探索形成了绿色债券识别归类标准，与相关专业组织合作，发布国内首批绿色债券指数和全球首只气候相关债券指数。加入绿色金融专业委员会，成为理事单位；参与研究碳金融基础设施安排；并成功举办以"绿色债券全链条解析"为主题的金融街十号论坛，为绿色发展鼓与呼。

　　四是深入服务债市开放发展。2016 年银行间债券市场对外开放稳步推进，境外投资者范围进一步扩大，目前已入市 411 家，持有债券持续增长，其中 90% 在中央结算公司托管，达 7788 亿元。配合债券市场开放整体布局，中央结算公司持续加强国际化能力建设。启动建设国际客户端，丰富英文网站信息，发布中国债市概览，召开境外投资者年会和跨境业务推介会。根据主管部门工作部署，参与债市对外开放升级版研究；支持自贸区建设，发布自贸区债券业务指引，支持上海市政府发行首单"自贸区债券"；稳步推进人民币跨境支付系统互联工作；实现跨境担保品业务创新，推动上海黄金交易所国际会员债券充抵保证金业务落地，为跨境货币互换提供担保品管理，为境外发行资产担保债券提供担保品管理和执行代理服务。中央结算公司还加强对外业务交流，落实"一带一路"倡议，成功举办首届亚洲估值国际研讨会；与中欧国际交易所等签署合作备忘录。

　　五是努力践行共享发展。2016 年，中央结算公司继续支持普惠金融发展，丰富普惠金融服务的渠道和载体。完善中债金联系统建设，为上百家中小型金融机构提供资金管理系统服务，遍及全国 23 个省市区，并推出业内首个移动客户端平台，进一步便利了中小金融机构的资金管理，提升了运用效率。推动债券零售市场发展，完成储蓄国债系统改造，并为地方政府债券上柜做好技术准备。在主管部门的指导下，继续扎实开展理财和信托登记工作，努力为投资者搭建透明、安全、便捷的金融资产基础设施平台。此外，积极履行中央金融企业的社会责任，开展定点扶贫、知识扶贫、IT 系统服务扶贫工作。

　　2017 年是供给侧结构性改革的深化之年，金融市场的改革开放发展也跨入新阶段。作为国家金融基础设施的核心构成，中央结算公司将以更加完善和到位的基础设施服务，推动债券市场稳中求进、健康发展。

一是夯实基础，支持债券市场稳步整合。国家"十三五"规划提出统筹重要金融基础设施的要求。我们期望顺应国家金融体制改革思路，推动债券市场基础设施的统一整合。每一次债券市场较大的波动，都更加凸显中央托管机构统一的必要性和重要性。高效整合的债券托管结算体系，能够提供更有效的支持，保障市场的稳健运行，促进市场的整体发展。

二是开拓思路，支持债券市场改革创新。2017 年，债券市场要进一步加强对结构性改革的支持作用，并强化防风险的要求。中央结算公司将继续配合做好发行创新工作，满足市场融资需求；积极配合推出三方回购和中央借贷服务，降低流动性风险；不断优化风险管理服务，深化担保品管理应用，加强信息服务的决策支持功能；进一步深化研发服务，加强对市场难点热点的研究，为市场"保量提质"建言献策。

三是凝心聚力，支持债券市场有序开放。中央结算公司将跟随债券市场开放步伐，在主管部门的指导下，打造跨境服务新通道，推进债市开放升级版；促进跨境支付结算互联，推进担保品跨境互认与合作；支持自贸区债券业务开展，研究推出离岸人民币债券估值；拓宽债券市场境外宣介。以此支持债券市场实现更深层次和更高水平的对外开放，为人民币国际化前行注入新动力。唯奋楫者，方能破浪前行。中国债券市场的深入发展需要各方协力，衷心希望大家在论坛这个平台上共商大计，携手开创债券市场发展的新格局。

（本文原载于《债券》2017 年 1 月刊）

加快自贸区债券市场建设　助力上海国际金融中心发展

白伟群

自贸区开放创新成功的标志是建成与大国金融战略相匹配、和实体经济发展需求相适应的国际金融中心

这是自贸区开放创新的使命。从大国金融战略的本质要求看，要有开放性、自主性、稳定性的统一。

开放性方面，体现在吸引境外资本，更体现在对外输出规则。一方面我们输出公共投资品，吸引资本流入。另一方面，中国要有大国自信、制度自信，要通过制度创新和开放为全球提供中国方案。中国在金融发展的某些领域已经形成自己的制度优势，我们要输出这样的制度优势。本次论坛开幕式上，周小川行长指出：中国金融会因为开放而获得改变和提升。我想世界也会因为中国金融的开放而发生改变。

自主性方面，主要体现在定价权。金融大国从某个关键环节来看就

本文根据作者在"2017年陆家嘴论坛"上的发言整理而成。作者时任中央结算公司监事长。

是要拥有金融定价权。所以自贸区的开放要紧紧抓住这个要点，进行制度安排和创新设计。

稳定性方面，开放中要注意金融风险，创新过程中注意形成内在的稳定机制，才能让自贸区建设行稳致远。

从实体经济发展的本质要求来看，自贸区开放创新要有广度和深度。国际金融中心种类多样，有一些是特色性的国际金融中心，还有一些注定要成为全能型的国际金融中心。上海自贸区开放创新，就是要助推上海成为全能型的国际金融中心。我们既要有活跃的股权、债权市场，也要有雄厚的基础市场、灵活的衍生品市场，要面对境内主体和境外发行、投资主体，为实体经济提供资金、资本、资产、资讯全方位的服务。

自贸区债券市场的发展是自贸区开放创新的重要载体和关键环节

自贸区债券市场并不是独立分割出来的市场，它和中国本土债券市场水乳交融，和离岸人民币市场密切相联。

债券市场是中国金融体系的基础市场、核心市场和基准市场。从体量来看，目前债券市场总估值已经超过 70 万亿元，股票市值大约是 53 万亿元。从融资功能看，2016 年社会融资总额增加值 17.8 万亿元，直接融资占 24%，其中 17% 是债券融资，7% 是股票融资。从开放度看，股票市场通过沪港通、深港通实现了有限的开放。但债券市场从 2016 年就实现了面向全球的全面开放，引进境外投资者 8000 亿元人民币左右，是沪港通、深港通引进资金的若干倍。

自贸区债券市场的发展，会推动中国整体债券市场的发展。自贸区是试验田、破冰船，在发行注册制、信息披露、会计准则互认等方面，努力实现中国规则和国际惯例的融合。自贸区债券市场将聚集全球的发行人、投资者，成为联系在岸市场和离岸市场的重要节点，打通境内境外人民币流通渠道，推动人民币国际化发展。自贸区债券市场的发展和"一带一路"倡议深度融合，在吸引全球资本配置到"一带一路"产业方面，将吸引更多的资金，提供合适的风险管理工具。

自贸区的开放创新可以将建设在岸的离岸市场
作为一个值得考虑发展路径

美国从 1981 年开始，为了提高本土金融市场的竞争力，在纽约建设了在岸的离岸机制——IBFs（International Bank Facilities），鼓励国际金融机构在美国本土发展美元的国际借贷业务，起到吸引美元回流、加强管理的作用。日本从 1986 年开始，在东京建设了一个离岸市场机制——JOM（Japan Offshore Market），鼓励金融机构在日本本土发展欧洲日元债券发行和欧洲日元借贷业务，这在日元国际化进程当中发挥了很大的作用。各国背景不同，发展路径也不同，但是监管放权、税收优惠、账户隔离等方面的安排是值得借鉴的。

从离岸市场的发展路径来考虑自贸区的发展创新，能够给予更多的政策空间，这非常重要。创新和开放的活力、动力都来自于市场，对市场主体给予空间的政策可能是最好的政策。

自贸区债券市场发展能够把"自贸区"
"一带一路""金融开放"这些关键词有机联系起来

中央国债登记结算有限责任公司是中国债券市场的核心枢纽，是支撑债券市场巨量金融要素高效流动的基石，是国家货币政策和财政政策实施的平台，是金融市场开放的门户，是重要金融信息聚集的中心。结合自身职责，中央结算公司围绕上海建设国际金融中心国家战略作出了有益的探索和实践。中央结算公司将在自贸区建设四项重要的核心功能，立足自贸区，服务全球人民币债券市场。承载这四项核心功能的是人民币债券的跨境发行中心、跨境结算中心、中债估值中心和中债担保品管理中心。

跨境发行中心。中央结算公司是中国最大的直接融资平台。2016年公司支持发行债券14万亿元，从公司成立以来，累计支持发行国债21万亿元、地方政府债11万亿元、政策性金融债25万亿元、企业债4.5万亿元。发行平台的核心功能是立足自贸区，面向境内境外的发行人和投资者，发债募集资金可以用于境内，也可以用于"一带一路"的建设。人民币资本是稀缺资源，跨境发行平台能够引导全球人民币回流，用于"一带一路"建设，也能够助力上海建设成为人民币资产配置中心。

跨境结算中心。中央结算公司2016年支持的结算规模约为1000万亿元，大约占到中国人民银行大额支付系统支付清算资金总量的1/3。目前中国债市已经面向全球开放，截至目前有将近500家机构投资者在中央结算公司开户和结算，其中包括约50家央行和主权财富基金，还有世界银行和国际货币基金组织等重要机构。跨境结算中心服务境外投资者，助力上海建设人民币支付结算中心。

中债估值中心。债券市场形成金融体系的基准价格，其中以国债收益率曲线为代表。相关主管部门委托中央结算公司编制中国的国债收益率曲线。中央结算公司编制的 3 个月期国债收益率曲线被 IMF 选择作为人民币加入 SDR 篮子的基准利率。中债估值中心将迁移到上海，在沪发布债券市场的基准价格，未来将影响全球人民币市场的价格，助力上海成为人民币定价中心。中国 A 股刚刚加入 MSCI 新兴市场指数，我们为国际的认可感到高兴。随着中国债券市场的开放，中国自己编制的指数要走向世界，为全球提供人民币债券市场的投资基准，这是更为重要的命题。

中债担保品管理中心。债券流动性好、价格稳定，是天然最优的金融担保品，全球 90% 的金融担保品使用的是债券。中国的主权、准主权债券几乎都托管在中央结算公司，这是最优的金融担保品。中债担保品管理中心服务于基础货币投放、国库现金管理、金融市场运行，管理着超过 12 万亿元的金融担保品，是全球最大的债券担保品管理机构，未来将成为人民币金融体系流动性投放和金融风险控制的阀门。担保品中心落户上海，有助于上海国际金融中心建设行稳致远。

（本文原载于《债券》2017 年 6 月刊）

积极参与绿色债券市场建设

王平

绿色发展、绿色金融是今后一个时期经济金融领域的关键词,而绿色债券是其中的重要组成部分。以下结合中央国债登记结算有限责任公司(简称中央结算公司)的工作实际,简要交流一下对中国发展绿色债券的三点认识。

一、中国发展绿色金融不仅具有重要意义,而且具有突出优势

绿色金融是国际社会改进发展模式的重要前沿问题,这方面中国与世界同步,没有代差。绿色发展也成为今年G20杭州峰会的重要主题。在面临经济发展模式转型的关键时期,绿色金融在中国的发展具有时代必然性。中国的政策设计和行动响应非常快,为下一步发展奠定了坚实基础。我国《生态文明体制改革总体方案》首次明确了建立我国绿色金融体系的顶层设计,"十三五"规划将发展绿色金融作为落实绿色发

本文作者时任中央结算公司副总经理。

展理念的重要举措。在绿色债券方面，中国人民银行、国家发展改革委等部门相继发布绿色金融债券公告和《绿色债券发行指引》。中国的绿色债券市场迅速起步，市场潜力巨大，有望成为全球绿色债券市场的主要市场之一。

二、作为国家重要的金融基础设施、国务院批准设立的中央托管结算机构，中央结算公司不但高度关注，而且积极参与了绿色债券市场建设

一是为绿色债券提供全生命周期服务。中央结算公司发挥债券基础设施核心运作支持功能，服务集债券发行、登记托管、交易结算、付息兑付、估值、担保品管理、信息披露为一体。截至今年5月，中央结算公司登记的金融资产超过80万亿元，其中债券38.6万亿元，而绿色金融债和企业债均在此托管。

二是发布绿色债券指数。中央结算公司打造的"五位一体"中债价格指标体系包括收益率曲线、估值、指数、风险价值计量（VAR）和隐含评级。2016年4月，指数系列新添一员，中央结算公司与另一家中国金融学会绿色金融专业委员会成员单位——中节能咨询公司合作，编制发布了国内首批绿色系列债券指数，填补了我国绿色债券市场的一项空白。该系列指数包括中债—中国绿色债券指数和中债—中国绿色债券精选指数。中央结算公司具体选取了中国人民银行、国家发展改革委发布的两项国内绿色债券标准，以及国际资本市场协会、气候债券组织发布的两项国际标准，分别采用一宽一窄两种口径计算两支指数，既与国际标准接轨，又体现中国国情特点。指数发布以来，运行情况良好，截至2016年5月末，宽口径的绿债指数市值约2.45万亿元，窄口径的绿债精选指数市值约 1.85 万亿元。

三是探索对存量银行债券的绿色识别工作。在金融债券中，除专项用于绿色项目的绿色金融债券之外，还有一部分债券未冠名绿色但实际用于发放绿色贷款，中央结算公司将积极研究对此类"实质绿"存量金融债券进行合理追溯，把中国的绿色债券介绍给境内外投资者。

四是积极推动绿色创新。中央结算公司作为理事单位加入中国金融学会绿色金融专业委员会，研讨推动相关制度和行业规范建设；为碳市场建设提供咨询研究；打造高层次交流平台，提供智库平台。

三、发展绿色债券是大势所趋，方兴未艾，绿色债券作为债券市场的一个新兴品种得到越来越多的关注。但要清醒地看到，绿色债券在中国还处于起步阶段，需要进一步夯实基础

绿色债券下一阶段的发展需要多方呵护，在机制完善与规模扩展等多方面着力。

一是构建跟踪评价体系。督促发行人将募集资金依照承诺投向绿色环境项目，逐步推广环境效益核算，为绿色债券投资者提供真实可靠的投资决策依据。

二是完善绿色债券信息披露标准。通过完善绿色债券信息披露标准，进一步提升境内外投资者对境内绿色债券的认可度。

三是增强绿色债券市场发展的核心驱动力。培育绿色投资理念，引导发行人和投资者的环境责任意识，在全社会营造风尚。鼓励和引导开发性、政策性金融机构、公共机构开展绿色债券示范发行和示范投资。

四是推广绿色债券指数应用。绿色债券指数可以反映国内绿色债券市场发展，为投资者提供绿色债券指数参考基准和标的。当前我国绿色债券的几个品种在不同机构托管，如果能实现统一托管安排，将有利于更好地实现绿色债券的规模化和标准化，进一步提升市场流动性，降低发行人、投资人和监管的成本。在实现绿色债券的集中托管之前，有一个绿色债券指数集中反映市场情况是次优选择。中央结算公司发布了国内首批绿色债券指数，已有机构与我们联系，希望能够进行绿色债券的指数化投资，绿色债券指数的投资应用值得期待。

五是需要社会各界在绿色金融领域开展多层次的交流、合作。通过开展交流与合作，为中国绿色金融发展注入新的活力，提升中国绿色金融发展的国际引领性。

（本文原载于《债券》2016 年 7 月刊）

着力打造核心金融基础设施服务平台
助力政府债券市场创新发展

柳柏树

2015 年是地方政府债券市场发展进程中具有里程碑意义的一年。地方债发行历经"代发代还""自发代还""自发自还试点"三个阶段，进入了全面"自发自还"阶段。可以说，地方政府债券市场创新发展已经进入了 4.0 时代。同时，新修订《预算法》的正式实施和国务院、财政部有关地方政府债务管理政策及制度体系的出台，标志着我国地方政府债券市场发展步入法治化建设的新阶段。在财政部的指导下，地方政府债全面自发自还以及债务置换具体方案得以落实，为地方政府开辟了一条更为规范化、市场化的融资渠道，也为地方政府经济转型和可持续发展探索了新的直接融资方式。

中央国债登记结算有限责任公司（以下简称中央结算公司）属于国家核心金融基础设施服务机构，其核心职能之一就是在财政部的指导下，长期服务政府债券市场，全力支持地方政府债券市场的创新发展，

本文作者时任中央结算公司副总经理。

162

着力打造以地方政府债券发行支持、持续性管理和信息披露等优质服务为载体的专业平台。

凝心聚力，打造核心金融基础设施服务平台

中央结算公司于1996年12月成立，今年将迎来20岁生日。20年来，中央结算公司从国债集中托管起步，逐步发展成为各类固定收益证券的中央托管机构，成为支持债券市场运行、宏观调控政策操作的国家级核心金融基础设施，在维护金融稳定、促进经济建设等方面发挥着重要作用。截至2015年末，中央结算公司登记的债券、银行理财、信托等各类金融资产合计72.5万亿元；全年办理债券交易结算466万亿元，支持债券发行10.5万亿元。20年来，中央结算公司积极发挥金融基础设施作用，全力打造了符合金融市场管理要求的服务功能平台。

一是债券市场平稳高效运行的重要平台。以国际证券结算标准为指导，中央结算公司构建起集中统一的债券托管结算体系，并在此基础上提供包括发行、登记、托管、结算、付息兑付、估值、担保品管理、信息披露等在内的一体化服务，通过无纸化、电子化、远程化服务降低发行人和投资人的成本，防范操作风险，提高市场效率。同时，还依托中央托管结算机构职责，根据主管部门要求，有效履行对债券市场的一线监测职能，并为流动性和结算风险管理提供支持。

二是支持宏观调控政策实施的重要平台。在支持财政政策实施方面，中央结算公司累计支持发行国债近17万亿元，逐步构建起一套支持国债发行、国债回购、国库现金管理等业务的全方位服务平台。积极配合财政部实现国债从分散托管到全国统一托管、从实物券到无纸化、

从派购发行到远程电子化招标等一系列重大改革举措。截至 2015 年底，支持地方政府筹资总额超过 4 万亿元。其中，2015 年支持发行地方债 1035 期，共计 3.83 万亿元。同时，还建设了专门系统，为中央及地方国库现金管理提供招标定价、质押券管理等支持服务。在支持货币政策方面，目前已累计支持发行央行票据超过 27 万亿元，支持公开市场操作近 80 万亿元。近年来，配合创新型货币政策工具操作，还为短期流动性调节工具（SLO）、常备借贷便利（SLF）、互换资金借贷（CSL）及小微企业再贷款等提供操作支持。

三是金融市场基准定价的重要平台。1999 年，中央结算公司推出国内第一条国债收益率曲线，之后逐步建设了一整套反映人民币债券市场价格和风险状况的中债信息产品体系。目前，中债信息产品已成为财政政策和货币政策实施的重要参考指标，国内金融机构持有的约 90% 的债券存量采用中债价格指标进行管理，长期限国债和地方政府债均采用中债国债收益率曲线来界定招标发行区间。2014 年 11 月，财政部网站首次正式发布由中央结算公司编制的"中国关键期限国债收益率曲线"（2015 年更名为"中国国债收益率曲线"）。中债指数 ETF 基金分别在香港交易所和纽约交易所上市。2015 年，IMF 正式将人民币纳入 SDR 货币篮子，将中央结算公司编制的"中债 3 个月期国债收益率曲线"纳入 SDR 利率篮子，标志着国际市场对中债价格指标产品日益认可。截至目前，中央结算公司已向百余家境外央行等机构提供中债价格指标产品。

四是债券市场对外开放的重要平台。近年来，中央结算公司积极落实资本市场双向开放等国家重大金融政策，支持亚洲开发银行等国际机构来华发行人民币债券，并以自贸区金融改革和国际化金融创新中心建设为依托，分别在上海、深圳设立分支机构，目前正在为上海自贸区债券发行等业务积极开展各项准备工作。中央结算公司现有境外机构客户300余家，其所持债券金额约6000亿元，并与多家国际组织和同业机构建立起合作机制。2015年，"促进中韩债券市场基础设施互联互通"写入李克强总理访韩期间发表的《中韩金融合作进展声明》，中央结算公司与韩国证券托管公司（KSD）等合作推动区域债券市场基础设施跨境互联的工作得到国家层面的认可。

优化资源，着力构建地方政府债券服务体系

依托上述平台功能，中央结算公司在财政部的指导和支持下，积极配合地方政府债券市场创新发展，圆满完成了地方债集中发行支持、统一登记托管、付息兑付、信息披露和收益率曲线编制等工作。2009年，支持财政部启动首批地方政府债代理发行工作，按照财政部出台的地方政府债券招标规则，开展了公开招标、中标及缴款拆分、登记托管等一系列业务操作。2010年，紧密配合地方债发行创新举措，对系统进行相应升级改造，保证地方政府债券合并发行、整体登记托管和上市交易的顺利实施。2011年，开发了地方政府债券簿记承销系统，并在财政部国债招标系统基础上建立起地方政府债券招标发行子系统，成功支持上海市、浙江省、广东省和深圳市开展地方政府债券自行发债试点工作。2013至2014年，地方政府债券自主发行试点逐步扩大，2015年扩展至全国各省、自治区、直辖市和计划单列市，成为我国债券市场中发行量最大的品种。

经过多年的实践检验，中央结算公司在政府债券领域探索出一套符合市场发展规律和业务实际需要的服务支持体系：

一是以制度建设为基础，切实做好政策衔接与落实。地方政府债券发行是落实宏观经济政策与推动金融市场发展的重要结合点。作为中央登记托管机构，中央结算公司从成立之初就承担着落实宏观政策和建设金融市场的重要政策性职能，发挥着国家金融基础设施的重要作用。根据财政部政策及制度安排，结合地方债发行特点，中央结算公司全面梳理业务链条，积极优化业务流程，制定了《债券发行业务规程》，发布了《地方政府债券发行服务指南》，草拟上报了《地方政府债券发行现场工作规则》，力求以制度建设为基础，不断提升地方政府债发行服务水平，为地方政府债券发行服务工作顺利开展奠定坚实基础。

二是以系统建设为抓手，有力配合发行管理与创新。中央结算公司依托稳定高效的发行系统，并根据业务操作实际需要，不断完善系统功能，确保发行工作平稳有序，满足管理需要。特别是根据地方政府债定向承销发行方式的创新要求，在较短时间内完成了承销发行子系统的设计开发工作，2015年支持定向发行地方政府债券共计410余期，有效配合了地方政府债务置换工作的顺利开展与实施。

三是以机构布局为载体，不断提升服务效率与范围。为配合国家金融市场布局及改革创新，提高发行工作效率，中央结算公司以最短的时间完成了人员、技术、场地等各方面准备，分别在上海、深圳设立了分支机构，并在财政部统一指导下，支持地方政府债券在沪、深分支机构成功发行，将总部的债券发行服务创新理念和能力不断投射、延伸，为地方政府债等各类债券发行人提供高效服务。

2015 年，沪深两地分支机构支持地方政府债券发行 110 期，发行量超过 3500 亿元。

四是以市场理念为指引，积极开展业务咨询与培训。根据财政部统一部署，中央结算公司积极配合开展地方政府债券业务培训工作。除向地方财政部门培训讲解地方政府债券发行业务的操作流程和注意事项外，还针对地方政府在发行筹备过程中遇到的问题，提供专业详尽的咨询服务，并应部分地方政府要求，赴当地或在公司开展一对一的业务培训与交流。

五是以增值产品为重点，着力打造服务标准与品牌。目前，地方政府债发行利率区间以财政部网站发布的"中国国债收益率曲线"为参考基准，该曲线由财政部授权公司统一编制。为便于各地方政府债发行人进行债务管理，在中债综合业务平台上为地方政府发行人订制开发了"我的统计"服务模块，对其债券历史发行量、未来付息兑付安排、债券二级市场表现等进行统计。此外，还提供代理拨付发行手续费等服务，不断探索拓展地方政府债券服务领域。

同心共济，协力推进地方债市场创新发展

我国地方政府债券市场刚刚起步，急需一整套成熟而稳定的制度规范和发展思路，以赋予其强大的生命力。我国地方政府债券市场创新发展与国债类似，既是丰富债券市场品种、完善市场结构的有效途径，更是国家实施财政政策、规范地方政府债务管理、有效推动经济转型升级的重要举措，这一点与传统的市政债理论和实践都明显不同，应立足于宏观经济金融政策实施与金融市场发展要求，以国债市场发展为标杆，

进一步推动地方政府债券市场创新发展。

（一）提高发行定价市场化水平

经过近几年的不懈努力，地方政府债发行的市场化水平日益提高，逐步得到投资者的认可和接受。但从建设地方政府债券市场的角度来看，进一步强化市场意识、提高发行定价的市场化水平仍是近期较为迫切的要求，也是后续推动投资主体多元化和提高二级市场流动性的基础，可以从以下三方面推进相关工作：

一是要进一步完善地方债信用评级体系建设。要正确认识地方债信用评级与地方经济增长之间的关系，准确把握地方经济增长与我国财政管理体制、宏观经济环境和地方政府财政间的关系，并以此为基础在实践过程中不断完善地方政府债券评级分析框架，对宏观经济、地方经济、财政预决算报表、债务情况、地方治理等要素或指标进行细化，进一步完善地方政府债券信用评级体系，更好地发挥其减少信息不对称、定价参考等方面的重要作用。

二是要进一步构建有效反映市场供求关系的地方债收益率曲线。收益率曲线是一级市场发行定价的重要参考基准，构建有效反映市场供求关系的地方政府债券收益率曲线对于提高发行定价市场化水平具有重要意义。中央结算公司将以国债收益率曲线为基准，进一步提供更加精细化的估值服务，充分反映地方政府债市场供求关系特征。

三是要进一步强化地方债市场的透明度建设。地方政府的信息披露及其制度建设是个渐进的过程，财政部目前不断规范地方政府信息披露的基本要求，对于推动地方政府债券发展具有积极意义。建议进一步借鉴国债发行管理中的成功经验，逐步实现按季度或按月公布地方债发行计划，同时健全地方政府债券的法律法规，推动地方政府债券信息披露更加及时和完善。

（二）促进投资者主体多元化

随着地方债市场的不断发展，单纯依靠某一类机构支撑市场的深化与扩容已不现实。建议立足于地方政府债券大规模、高频度、高信用等级、低信用风险等特点，探索扩大投资主体范围，满足多层次资本市场的多样化需求。

从一级市场来看，应充分发挥现行统一定价发行模式的作用。作为"金边债券"的国债，其许多操作经验都可以为"银边债券"——地方债提供实践示范。自 2003 年财政部发布《国债跨市场转托管业务管理办法》以来，开创了"统一定价发行 + 集中托管 + 转托管交易"的经典模式，并在随后 10 余年的实践发展过程中不断完善，成为目前债券市场中最高效、最稳定、最安全的主流模式，充分保证了国家财政政策的有效实施和建设资金的高效筹集，其安全性和可靠性也得到了财政部和承销团成员的一致认可。自 2009 年地方债"代发代还"试点以来，借鉴国债市场发展的成熟经验，一直采用此模式，顺利实现了各阶段创新工作，各地方政府也从中总结积累了很多好的经验和做法，逐步建立起成熟有效的工作机制。目前，国债承销团已全面涵盖境内外各类主要金融机构，建议在地方政府债券承销团组建过程中广泛吸纳各类投资者，更好地发挥现行统一定价发行的优势。

从二级市场来看，应在集中统一托管的前提下，扩大交易平台和渠道。目前，国债在发行环节实现面向各类金融机构统一定价，并在集中托管的前提下由投资者根据实际需要自行选择交易场所。建议进一步扩展地方政府债柜台交易，并通过丰富期限品种结构等方式适应不同交易主体的投资需求，探索面向社保基金、住房公积金、企业年金、职业年金、保险公司等机构投资者和个人投资者发行地方债。

（三）提高二级市场流动性

从国债市场的发展经验可以推测，提高二级市场流动性将是地方政府债市场发展的长期努力方向。立足金融基础设施服务功能，提出以下三点建议： 一是根据市场发展成熟度，适时创新发行方式，通过续发行等方式扩大单只债券发行量。二是充分利用现有担保品管理系统，提升地方政府债在金融市场交易、公开市场操作以及国库现金管理中应用的便利性和安全性。三是积极开展地方政府债券做市及配套机制研究，提供相关技术支持。以上建议均已具备较为成熟的业务方案和技术条件，可以从不同角度推进地方政府债券市场流动性有效提升。

（本文原载于《债券》2016 年 7 月刊）

资产证券化资本监管框架的演进及评述

王胜邦　朱元倩

摘　要：本文对巴塞尔协议中资产证券化资本监管框架的演变进行了梳理，介绍了不同资本计量方法的内涵，阐述了各类方法的演进逻辑，分析了巴塞尔委员会在增强资产证券化风险资本计量方法简单性、可比性和风险敏感性等方面所做的努力。

关键词：内部评级法　标准法　外部评级法　渐近单风险因子模型

资产证券化是指将能产生未来收益但缺乏流动性的资产出售给特殊目的载体，由其组成一个资产池，然后以资产池的收益为保证而发行新证券的一种融资手段。通常的资产证券化产品包括：资产支持型证券、抵押支持证券、流动性便利、信用衍生工具等。

自 20 世纪 70 年代凭借规避资本监管、多样化融资渠道和降低融资成本等优势得以蓬勃发展后，资产证券化一度被认为是 20 世纪末最

本文作者王胜邦时任中国银监会审慎规制局副局长；朱元倩供职于中国银监会审慎规制局业务规制处。

重要的金融创新。然而，正是由于其复杂性和高杠杆的特征，该产品在2007年爆发的国际金融危机中起到了推波助澜的作用，也因此成为国际金融监管改革的重点。巴塞尔委员会于2014年12月正式发布了《修订的资产证券化框架》，作为巴塞尔Ⅲ框架的一部分。该文本是对巴塞尔Ⅱ框架信用风险中资产证券化部分和巴塞尔Ⅱ框架中资产证券化部分的替代和完善。

资产证券化的风险特征

监管资本是用来补偿风险、吸收非预期损失的工具。风险特征不同，用来衡量风险和计算监管资本的方法也应有所区别。相比一般资产而言，资产证券化产品的信用风险特征存在以下两点显著的不同：一是资产证券化的信用风险取决于标的资产池的一揽子资产，而非单个资产；二是资产证券化的风险具有分档的结构特征，即从资产池中所得的现金流量用以支付至少两个不同风险档次的证券，而不同档次证券的信用风险有所不同。因此，在巴塞尔协议框架下，资产证券化的资本计量采用了单独的监管框架。

标的资产池的投资组合特征是导致资产证券化与一般资产信用风险计量不同的重要原因之一。投资组合的风险状况本就不同于单个资产，而资产证券化的资产组合之间又存在相关性，层级划分和触发机制的设定都可能对未来的现金流产生改变，增加风险计量的复杂性。因此，在资产证券化的风险计量中，不得不将更多的风险因子和结构性特征考虑其中。

分档的结构特征也导致资产证券化的信用风险与普通债权存在很

大不同。从吸收损失的顺序来看，次级资产证券化先吸收损失，且可能不会对优先级产生影响；从清偿顺序来看，具有较高层级的资产证券化优先受偿；从集中度来看，较低层级的资产证券化风险相对集中。也正是由于这些结构化的安排，优先层级资产所面临的风险可能并不是单一风险，而是一个基于多种因素的系统性结果。这也是为什么即使预期损失相同，一个评级为 AAA 级的资产证券化应计提的资本可能高于评级同为 AAA 级的企业债券。

资产证券化资本监管框架的演变

针对资产证券化监管在金融危机中暴露的不足，巴塞尔委员会对巴塞尔 II 框架下的资产证券化资本计量方法展开了修订。在巴塞尔 II 的第一支柱中，对资产证券化的监管归类在信用风险中，采用单独的资本计量框架，资产证券化的资本计量方法包含一种标准法和两种内部评级法；在 2012 年巴塞尔委员会发布的第一次征求意见稿（CP1）中，对巴塞尔 II 中的方法进行了修订和变形，形成了分属于两个框架下的五种方法；在 2013 年巴塞尔委员会发布的第二次征求意见稿（CP2）中，仅选用了 CP1 中变形后的三种方法，这三种方法在《修订的资产证券化框架》最终稿中被沿用。

（一）巴塞尔 II 中的资产证券化框架

巴塞尔 II 资产证券化框架中的资本计量方法主要包括标准法（SA）和内部评级法（IRB）。其中，标准法类似信用风险标准法，即对不同评级的资产证券化风险暴露和再资产证券化风险暴露规定相应的风险权重；内部评级法又包括评级基础法（Ratings-Based Approach, RBA）和监管公式法（Supervisory Formula Approach, SFA）两种，此外巴塞尔委员会还提出内部评估法（Internal Assessment Approach, IAA）用于满足要求的资产抵押商业票据（Asset-Backed Commercial Paper, ABCP）的资本计量。其中，RBA用于有外部评级或可以推断评级的资产证券化风险暴露，该方法类似标准法，但风险权重的设计更为复杂；而SFA用于未评级且无法推断评级的资产证券化风险暴露，先根据公式计算出证券化风险暴露所需的资本（影响因素主要包括基础资产证券化之前的内部评级法监管资本要求 K_{IRB}、该档次的信用增级水平 L、该档次的厚度 T、资产池风险暴露的有效数量 N 和资产池加权平均违约损失率），然后乘以 12.5 得出该风险暴露对应的风险加权资产。

（二）资产证券化框架第一轮征求意见稿（CP1）

1. 巴塞尔Ⅱ资产证券化框架的不足

2007 年爆发的国际金融危机风险暴露了巴塞尔Ⅱ资产证券化框架的不足，主要包括以下四点：一是巴塞尔Ⅱ的资产证券化风险计量过度依赖外部评级，然而证券化过程和产品结构较为复杂，外部评级可能无法完全、准确地反映资产池的信用质量状况，过度依赖外部评级有可能对投资者决策形成误导，从而形成次级债务证券及其证券化产品的过度膨胀。

二是高评级风险暴露的权重过低而低评级风险暴露的权重过高。当资产池的信用质量发生恶化时，外部评级随之大幅下降，导致风险权重快速上升，形成资本要求的悬崖效应（Cliff Effect），进一步恶化银行抵御资产损失的能力。

三是资产证券化资本计提的风险敏感性较低，资本计量模型不能充分反映风险的变化。

四是风险权重过低，从而导致资产证券化风险被低估。RBA下各评级资产证券化风险暴露的风险权重，与信用风险标准法下同等级别未证券化资产风险暴露的风险权重相比较低，特别是对于高评级的资产证券化差异较大。这为银行通过资产证券化规避资本监管带来了可能。

2. 对巴塞尔Ⅱ资产证券化框架改革的修订

针对这些不足，2009年7月，巴塞尔委员会发布了对巴塞尔Ⅱ资产证券化框架改革的修订（巴塞尔Ⅱ.5），围绕提高资本计提的风险敏感性分别对现有三大支柱进行了完善。其中第一支柱的修订主要从再证券化风险权重、标准法下的风险权重、流动性的资本要求等七个方面展开。

2012年12月，巴塞尔委员会发布了《修订的资产证券化框架》第一次征求意见稿，此次修订主要是针对资产证券化的资本计提展开，内容更加全面，主要包括以下三个方面：一是提出两种计算资产证券化风险暴露的方案；二是提高了高评级优质档次证券的风险权重，降低了低评级档次证券的风险权重，同时将证券化风险暴露的最低风险权重统一设置为20%；三是对于某些资产支持商业票据、提前摊还、合格流动性便利采取了特别处理。

CP1提出了计算资产证券化风险暴露的两种方案，这两种方案所采用的计量方法大多相同，但是方法的运用有所差异。

在方案一中，巴塞尔委员会提出了调整的监管公式法（Modified Supervisory Formula Approach, MSFA）作为该方案的最高层级方法，MSFA是CP1中最为复杂的方法，是对巴塞尔Ⅱ SFA的改进，引入了期限等因素，提高了资本计提的审慎性。对于无法使用 MSFA 的资产证券化风险暴露，应根据监管当局的要求选择使用修订的评级法（Revised Ratings Based Approach, RRBA）或简化的监管公式法（Simplified Supervisory Formula Approach, SSFA）。

方案二将高质量优先层级的资产证券化风险敞口进行了区分，对于该类风险暴露，RRBA 和 MSFA 是其最高层级的资本计量方法，对于无法使用 MSFA 的银行，在监管当局批准的情况下，也可以使用 SSFA；对于非高质量优先层级资产证券化的风险暴露，方案二中要求基于 K_{IRB} 的集中度比率（Concentration Ratio, CR）方法进行风险计量。其中，方案一和方案二中的 RRBA 不尽相同，方案二中的 RRBA 较为简单，也更为接近巴塞尔 Ⅱ 中的 RBA。

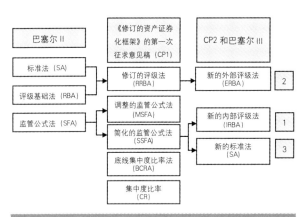

图 1 资产证券化资本计量方法的演进

此外，两种方案都将底线集中度比率法（Backstop Concentration Ratio Approach, BCRA）作为最低层级的资本计量方法，适用于无法采用上述这些方法进行资本计量的资产证券化风险暴露。而且，两套方案中均要求再资产证券化只能使用集中度比率计算其风险权重。如果银行也无法采用 BCRA 进行资本计量，则应选用 1250% 的风险权重。

（三）资产证券化框架第二轮征求意见稿（CP2）

结合 CP1 的业界反馈意见，2014 年 1 月，巴塞尔委员会发布了《修订的资产证券化框架》第二次征求意见稿，将修订重点集中在资本计量方案的设计和整体资本要求上，重点考虑了风险敏感性和简单性的平衡。

CP2 的修订主要包括三个方面：一是将 CP1 提出的两套方案简化为一套，且只保留了 CP1 五种方法中的两种，进而补充形成了 CP2 中的三种计量方法；二是适当降低了资本要求的下限，将所有资产证券化风险暴露的最低风险权重从 20% 降低至 15%；三是实现方案简化的同时提高了资本计提的风险敏感性，降低了对外部评级的依赖，在外部评级法中引入了到期期限、档次厚度等新的风险驱动因子，提高了新方案的风险敏感性。

根据 CP2 设计的资产证券化资本计量框架，资产证券化风险暴露将依次按照内部评级法（Internal Ratings-Based Approach, IRBA）、外部评级法（External Ratings-Based Approach, ERBA）和调整后的标准法（SA）进行资本计量。对于拥有充分信息计算 K_{IRB} 的银行，应使用 IRBA 计算资本；如果银行无法计算资产池的 K_{IRB}，但满足使用外部评级法的要求，则应用 ERBA 计算资本；否则，银行将被要求使用 SA 计算资本；如果上述三类方法都不适用，银行则应使用 1250% 的风险权重计提资本。对于再证券化风险暴露，巴塞尔委员会仅允许使用调整后的 SA，而不再使用 1250% 的风险权重。

在方案设计方面，巴塞尔委员会将 CP1 中的两套方案简化为一套，且只保留了 CP1 五种方法中的两种，即 RRBA 和 SSFA。在 CP2 中，CP1 中的 RRBA 方法更名为新的外部评级法（ERBA）。同时，根据参数的不同对 CP1 中的 SSFA 进行了变形，形成了以内部评级资本要求 K_{IRB}

为参数的新的内部评级法（IRBA）和以标准法资本要求 KSA 为参数的新的标准法（SA）。CP2 中的 IRBA 和 SA 方法比 CP1 中的 SSFA 方法更为简单，但同时保留了 SSFA 方法的风险敏感性。此外，CP2 简化了模型的定性要求，同意将现有用于计算 K_{IRB} 的定性标准适用于 IRBA，从而使 CP2 的资产证券化框架与信用风险框架中内部评级法更加趋于一致。

（四）资产证券化框架的最终版本

在 CP2 的基础上，结合业界反馈的意见和定量测算结果，巴塞尔委员会继续对资产证券化资本计量方法进行了校准和修订，于 2014 年 12 月正式发布《修订的资产证券化框架》，并将于 2018 年 1 月 1 日起正式实施。《修订的资产证券化框架》对巴塞尔 II 资产证券化框架进行了系统的修订，融入了巴塞尔 II.5 的部分修订，提出了三种新的风险计量方法，设立了资产证券化风险暴露资本要求的上下限，并对风险转移认定的要求、尽职调查的要求、应收账款的特殊计量方法等内容进行了修订和完善。

根据正式发布的《修订的资产证券化框架》，资产证券化风险暴露的计量方法包括三种，依次为：内部评级法（Internal Ratings-Based Approach, IRBA）、外部评级法（External Ratings-Based Approach, ERBA）和标准法（Standardized Approach, SA）。与 CP2 中类似，内部评级法层级最高，对于使用内部评级法计算标的资产监管资本要求的银行，应使用内部评级法计算资产证券化产品的监管资本要求；外部评级法层级次之，如果银行未使用内部评级法计算标的资产的监管资本要求，但资产满足使用外部评级法要求，则应用外部评级法计算其监管资本要求；如果内部评级法和外部评级法均不适用，银行应使用标准法计算资产证券化产品的监管资本要求。如果上述三类方法都不适用，银行应使用 1250% 的风险权重计提资本。对于再证券化风险暴露，巴塞尔委员会仅允许使用调整后的标准法，而不再使用 1250% 的风险权重。

1. 内部评级法

在内部评级法下，资产证券化风险权重的计算分为三种情况：一是当资产证券化风险暴露的档次分离点 D 值小于或等于 K_{IRB} 时，风险权重等于 1250%；二是当资产证券化风险暴露的档次起始点 A 值大于或等于 K_{IRB} 时，风险权重为 $K_{SSFA(K_{IRB})}$ 与 12.5 的乘积（写作百分比形式）；三是当资产证券化风险暴露的档次起始点 A 值小于 K_{IRB}，而档次分离点 D 值大于 K_{IRB} 时，内部评级法的风险权重计算方法如下：

$$RW = \left[\left(\frac{K_{IRB}-A}{D-A}\right) \cdot 12.5\right] + \left[\left(\frac{D-K_{IRB}}{D-A}\right) \cdot 12.5 \cdot K_{SSFA(K_{IRB})}\right] \quad （1）$$

其中，D 和 A 分别表示该档次证券化资产信用损失的分离点值和起始点值；K_{IRB} 表示资产池中资产没有被证券化情况下使用内部评级法计算的资本要求比例，等于使用内部评级法计算的标的资产所需的监管资本与标的资产风险暴露的比例；$K_{SSFA(K_{IRB})}$ 则表示内部评级法下每单位资产证券化风险暴露的资本要求，是 K_{IRB}、档次分离点 D、档次起始点 A 以及监管因子 p 的函数。

监管因子 p 的计算公式如下：

$$p = \max[0.3; (A + B \cdot (1/N) + C \cdot K_{IRB} + D \cdot LGD + E \cdot M_T] \quad （2）$$

其中，0.3 为监管因子 p 的基准值；N 为基础资产池所包含的资产个数；LGD 为基础资产池加权平均风险暴露违约损失率；M_T 为该档次的期限；参数 A、B、C、D、E 则由巴塞尔委员会设定。

2. 外部评级法

外部评级法的风险权重与资产证券化风险暴露的评级结果（短期和长期）、风险暴露的质量（优质和非优质）、期限（1年、5年）和档次的厚度相关，具体风险权重由巴塞尔委员会直接给出。档次期限在1年和5年之间的，将使用线性插值法计算权重。为了考虑档次厚度，银行应使用下面的公式计算非优质资产证券化风险暴露的风险权重：

风险权重 = 期限调整后的风险权重 $X[1-\min(T, 50\%)]$（3）

其中，T 表示档次的厚度，等于该档次分离点 D 值减去档次结合点 A 值。

3. 标准法

标准法的风险权重计算方法与内部评级法相同，只是其参数有所不同。在标准法下，风险权重的设定同样分为三种情况：一是当资产证券化风险暴露的档次分离点 D 值小于或等于 K_A 时，风险权重等于1250%；二是当资产证券化风险暴露的档次起始点 A 值大于 K_A 时，风险权重是 K_{SSFA} 与12.5的乘积（写作百分比形式）；三是当资产证券化风险暴露的档次起始点 A 值小于 K_A，而 D 值大于 K_A 时，风险权重将根据如下公式计算：

$$RW = \left[\left(\frac{K_A - A}{D - A} \cdot 12.5\right) + \left(\frac{D - K_A}{D - A} \cdot 12.5 \cdot K_{SSFA}\right)\right]（4）$$

（4）式中：

$$K_A = (1 - w) \cdot K_{SA} + 0.5 \cdot w \qquad（5）$$

其中，K_{SA} 表示资产池中资产没有被证券化情况下使用标准法计算的加权平均资本要求，由巴塞尔Ⅱ信用风险框架下标准法的风险加权资产乘以8%得出；w 为证券化标的资产池中违约风险暴露与总风险暴露的比率；K_{SSFA} 表示标准法下每单位资产证券化风险暴露的资本要求，是 K_A、档次分离点 D、档次起始点 A 以及监管因子 p 的函数，但是在标准法下监管因子 p 设为 1。

此外，《修订的资产证券化框架》明确了资产证券化风险暴露的风险权重上下限要求，除再证券化风险暴露外，所有资产证券化风险暴露的风险权重均不得低于 15%，与此同时，经过证券化后资产的资本要求不应高于未经证券化的原始资产按照相同方法计算得出的资本要求。

对资产证券化风险计量框架演变的评价

从资产证券化资本计量框架的演变不难看出，巴塞尔委员会始终在提高风险敏感性、增强简单性和可比性之间寻找平衡。

（一）简化结构

相比 CP1 中的资产证券化资本计量方法，修订后的资产证券化框架充分体现了巴塞尔委员会对简单性的追求。

首先表现在计量方案的简化，在 CP1 中提出了两种不同的方案，在每个方案下都存在四五种不同的计量方法；而在《修订的资产证券化框架》最终文本中，仅设计了一种方案，保留了资本计量的三种方法。

其次表现在模型方法的简化，CP1 中提出了 MSFA，但是由于该模型过于复杂，在提出后遭到了大部分业界人士的反对。因此，经过慎重的考虑，巴塞尔委员会放弃了该模型，转而选择了较为简单的 SSFA 作为替代。同时，为了在保持简单性的同时不放弃对风险敏感性的追求，巴塞尔委员会在模型中引入监管调整因子 p，对银行直接持有的潜在风险暴露与所有证券化层级的差异进行了区分。

（二）提高风险敏感性

《修订的资产证券化框架》大大提高了外部评级法的风险敏感性。在资产证券化资本计量框架中，外部评级法存在的主要目的之一在于降低银行数据收集和计算的复杂性，但会以丧失部分风险敏感性为代价。在此次修订中，巴塞尔委员会将提高风险敏感性作为外部评级法修订的重点。

巴塞尔 I 的外部评级法仅依赖于该层级资产证券化产品的外部评级，而不考虑资产证券化的风险暴露是否为优先层级，标的资产池是否是颗粒状（包含的有效贷款个数大于或等于 6 个）的。此次对 ERBA 的修订主要基于以下几点考虑：首先，考虑到危机中不少评级为 AAA 的优先级资产证券化产品出现损失，监管者认为当前对其风险权重的设计过低；其次，当资产证券化风险暴露的风险评级低于投资级别时，风险权重设为 1250%，危机中评级被调低后所面临的风险权重悬崖效应，加大了银行强行清算或进行监管套利的逆向激励；最后，除了评级之外，外部评级法并未引入其他可能对资产证券化所暴露风险产生实质性影响的因素，如期限和层级厚度等。

ERBA 对 RBA 的修订主要表现在风险敏感性的提高方面。首先，影响 ERBA 风险权重的因素从仅包含外部评级拓展至四个因素。在外部评级的基础上，ERBA 引入了期限因素，对优先层级和非优先层级进行了区分，同时在非优先层级的风险暴露中引入了厚度因素。在对风险相关性的处理上，ERBA 调高了系统性风险因子的相关系数。Peretyatkin-Perraudin（2004）和 Perraudin（2006）的研究表明，RBA 假设的证券化资产系统性风险因子相关性远远低于银行直接持有时的系统性风险因子相关性,这就意味着当证券化资产池足够分散时,根据 RBA 计提的资本可能很少。在用来校准 ERBA 的 MSFA 模型中,将证券化资产的系统性风险因子相关系数调整为银行直接持有资产的系统性风险因子相关系数,即假设该相关系数为 100%。此外,外部评级法的准确性在很大程度上取决于外部评级的准确性,危机后外部评级方法和规则的调整也将提升该方法的有效性。

即使是资产证券化的新 SA 也是基于模型的方法,具有较高的风险敏感性。《修订的资产证券化框架》最终文本中的 IRBA 和 SA 都来自于相同的 SSFA 模型,其原理是对所有的资产证券化风险暴露及相应层级的资本要求进行平均加权。除了相关参数设计有所差别外,SA 实质上采用的就是模型的方法,单就模型设计的角度来说,SA 的风险敏感性与 IRBA 相同。

(三)降低模型风险

巴塞尔 Ⅱ 的监管公式法(SFA)是基于 Gordy Jones(2003)提出的渐近单风险因子模型(ASFR)设立的,也就是说,资本要求等于在一年期内、单一风险变量处在压力情景下该资产证券化风险暴露所面临的损失。该模型的成立基于两个假设条件:一是资产组合由很多的小资产构成,这些资产组合是分散的;二是这些资产组合面临单一的风险来源,即宏观经济状况,且无法被分解。这意味着该资产组合的风险存在异质性,可以相互抵消。这些假设可能与现实情况差异较大,所以巴塞尔委员会对 SFA 模型进行了改进,在 CP1 中提出 MSFA 方法以降低 SFA 模型可能存在的模型风险。

修订的监管公式法(MSFA)将依赖于潜在的期望损失(ES),采用逐日盯市（MtM）的框架设计监管资本，与巴塞尔 Ⅱ 中计量公司风险暴露的 IRB 更具有一致性。

第一，MSFA 避免了一年到期假设的缺陷。对于期限长于一年的证券化产品来说，使用逐日盯市模型方法更适用于该类资产的风险度量。SFA 包含一个隐含的假设，即对于给定的层级来说，除非更低层级的资产降为 0，否则不会引发该层级的任何损失。在操作中，对于给定 A 点和 D 点的资产证券化风险暴露来说，SFA 假设期限对资本的影响仅体现在 K_{IRB} 参数中，认为 K_{IRB} 参数已经完全反映了资产池的逐日盯市风险。然而，这种忽略了逐日盯市风险的做法与 IRB 法并不一致。

第二，相比 SFA 使用的 VaR 方法，MSFA 使用期望损失法对监管资本进行估计。与 VaR 模型不同，期望损失模型考察的是尾部损失的均值，而非单一分位点，即当损失超过 VaR 阈值时，可能产生的损失均值。从统计角度来说，期望损失（ES）在任何情况下都是一个一致风险测度。从实践角度来说，采用尾部损失均值的度量，能够避免基于 VaR 方法计算可能带来的刀刃值。

第三，对于模型风险的处理不同。当前 SFA 模型中精度参数 τ 等于 1000，MSFA 关注的是资产池风险产生的真实过程。MSFA 在不确定的损失优先权（ULP）模型中将精度参数 τ 设定为远远低于 1000。

虽然巴塞尔委员会最终放弃了将 MSFA 作为资产证券化资本计量框架中的模型，但是目前框架下的 IRBA、ERBA 和 SA 均是依据 MSFA 模型进行校准的。在 ERBA 的模型校准中，对于资产池中各类资产对应的期限、违约概率（PD）、违约损失率（LGD）和资产价值相关性（AVC），构建基于预期损失率（EL）的信用评级模型，从而将基于该信用评级模型计算的参数，通过基于 MSFA 模型计算的资本要求对 ERBA 方法进行校准。

ERBA 的校准分为三个步骤：首先，运用信用评级模型估计对于各类假设资产（优先层级与非优先层级，期限从 1 年到 5 年，非优先层级的厚度从 0.1% 到 99%）所有评级（从 AAA 到 CCC）的档次起始点 A 和档次分离点 D；其次，对于每个假设的证券化资产，运用 MSFA 估计该风险暴露的资本要求；最后，运用非线性最小二乘法拟合包含 ERBA 参数的方程，使之与 MSFA 计算的资本要求相一致。不论对于优先级资产证券化风险暴露还是对于非优先级资产证券化风险暴露来说，R2 都高达 99%。

在 SSFA 的模型校准中，结果显示，在均能使用 MSFA 和 SSFA 进行资本测算的 326 个资产证券化风险暴露中，根据两种方法测算得到的资本 R2 达到 95.3%，拟合结果高度一致。

（四）提高方法之间的逻辑一致性

从模型设计来看，IRBA 和新 SA 采用的均是简化 SSFA 模型，只是模型的代入参数和监管调整因子 p 的设定有所不同。从风险的影响因子来看，即便是最为简单的 ERBA，也选择了期限因子、档次厚度等风险驱动因子，这些因子保证了 ERBA 与 IRBA 和新 SA 之间的内在一致性。从模型的校准来看，无论是 IRBA、ERBA 还是新 SA，都是根据 MSFA 进行校准的，这在很大程度上保证了模型结果的内在一致性。

整体来看，修订后的资产证券化资本监管框架相较于巴塞尔 II 中的相关内容有了大幅改善：增加了是否为优先层级、层级厚度及层级期限等风险驱动因子，提高了风险敏感性；降低了可能存在的模型风险，提高了监管的审慎性；统一了证券化资产与未证券化（直接持有）资产的模型假设，提升了方法的内在一致性；提供了复杂程度不同的三种计量方法，令框架更加简单；通过相同的计量方法分别对三种资本计量方法进行校准，提高了模型的透明性和可比性。

然而，资产证券化的资本监管框架并非完美，主要表现为当前框架并没有充分考虑资产证券化的结构差异，在其他条件相同的情况下，结构简单、透明的证券化资产面临的风险可能较小。因此，巴塞尔委员会仍在就如何将简单、透明、可比的资产证券化标准纳入资本监管框架继续进行研究。

参考文献

[1] Basel Committee on Banking Supervision (2006). International Convergence of Capital Measurement and Capital Standards, June.

[2] Basel Committee on Banking Supervision (2009). Enhancements to the Basel Ⅱ Framework, July.

[3] Basel Committee on Banking Supervision (2012). Revisions to the Basel Securitisation Framework(Consultative Document), December.

[4] Basel Committee on Banking Supervision (2013). Revisions to the Securitization Framework(Consultative Document) , December.

[5] Basel Committee on Banking Supervision (2014). Revisions to the Securitization Framework, December.

[6] Basel Committee on Banking Supervision (2013). Working Paper 22 – Foundations of the Modified Supervisory Approach, January.

[7] Basel Committee on Banking Supervision (2013). Working Paper 23 – The Proposed Revised

Ratings−Based Approach, January.

[8] Perraudin, William (2006). Securitizations in Basel Ⅱ , Risk Control Limited.

[9] Peretyatkin, Vladislav and William Perraudin (2004). Capital for Structured Products, Risk Control Limited.

（本文原载于《债券》2015 年 5 月刊）

加强金融基础设施建设
从供给侧助推资产证券化市场发展

徐良堆

2016 年是国家"十三五"开局之年,也是资产证券化市场不平凡的一年。市场呈现出快速扩容、稳健运行、创新迭出的良好发展态势。中央结算公司作为国家核心金融基础设施,自 2005 年信贷资产证券化启动试点以来,始终为市场提供安全、高效、专业的一体化综合服务,深入参与资产证券化市场改革发展的历程,助推市场发展。

新发展与新常态:2016 年的资产证券化市场

2016 年,资产证券化市场(以下称"ABS 市场")规模保持了快速增长的势头。全年发行产品 8460.31 亿元,同比增长 37.97%;市场存量为 1.2 万亿元,同比增长 52.66%。在盘活存量资产、提高资金配置效率、服务实体经济等方面发挥着越来越重要的作用。

本文根据作者在"2017 陆家嘴资产证券化论坛"上的演讲整理而成。作者时任中央结算公司副总经理。

（一）信贷资产证券化市场稳健运行

2016年信贷资产证券化市场（以下称"信贷ABS市场"）运行较为平稳（见图1），市场基础资产进一步丰富，并呈现出以下几个特点：

一是不良资产证券化重启。全年共有6家试点机构发行156.1亿元，占试点额度的31%。基础资产类型涵盖了对公不良贷款、零售类不良贷款、个人住

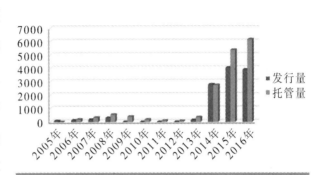

图1 2005—2016年信贷ABS历年发行及托管量（单位：亿元）

房抵押类不良贷款等，拓宽了银行不良资产市场化处置渠道。

二是个人住房抵押贷款支持证券（RMBS）驶入发行快车道。随着基础资产类型增加和产品标准化程度提高，各类产品发行规模趋于均衡化。尤其是RMBS驶入发行快车道，全年发行规模已接近对公贷款资产支持证券（CLO），市场化、规模化特征明显。

三是绿色资产证券化创新加速。在国家大力倡导绿色金融的背景下，绿色资产证券化业务也取得了突破。2016年1月，兴业银行发行年度首单绿色信贷ABS，发行额26.46亿元，基础资产全部为绿色金融类贷款，盘活的资金也投放到节能环保重点领域。

四是流动性进一步得到改善。信贷ABS 现券与质押式回购结算量增长明显。中央结算公司2016年处理的信贷ABS 现券结算量为1435.28亿元，是上一年度的2.64倍；信贷ABS质押式回购交割量1345.31亿元，是上一年度的1.75倍。不过，相比债券市场整体换手率，

信贷 ABS 的流动性依然偏低，这也成为制约市场发展深度的关键因素，亟待解决和突破。

（二）企业资产证券化市场快速发展

2016 年，企业资产证券化市场（以下称"企业 ABS 市场"）发行 4385.21 亿元，同比增长 114.90%，存量规模 5506.04 亿元（见图 2）。市场运行呈现以下特点：

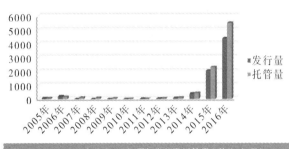

图 2 2005—2016 年企业 ABS 历年发行及托管量（单位:亿元）

一是基础资产类型丰富。企业 ABS 涵盖了较多的基础资产类型，除租赁租金、应收账款、信托受益权和小额贷款等主要资产类型之外，还包括企业债权、基础设施收费权、类 REITs 产品、保理融资债权、委托贷款、融资融券债权、住房公积金贷款、航空票款、门票收入权和股票质押回购债权等。

二是类 REITs 产品进一步发展。基础资产涵盖了写字楼、商场等物业类型，呈现出了债权与权益混合的特征。但由于国内尚未颁布严格意义上相关领域的法律法规，因此目前发行的都是符合国外成熟市场标准的类 REITs 产品。相信随着市场的发展，我国的 REITs 产品将在资产分散、永续性、税收等方面取得突破，建立健全符合国情的市场体系。

资产证券化市场发展存在的不足

第一，市场总体规模较小，发起机构动力不足。2016 年末我国信贷

ABS 存量规模 6173.67 亿元，占同期信贷规模的比重仅为 0.55%。而同期美国抵押贷款支持证券（MBS）存量为 8.92 万亿美元，约占同期消费信贷规模的 71.70%。虽然中美金融结构有着显著的差异，但是从数据的对比上仍可观察到我国 ABS 市场规模还有较大的发展空间。

第二，信贷 ABS 市场结构有待平衡。虽然 2016 年 RMBS 的发行规模有了较大幅度的增长，但就存量规模而言，CLO 依旧是占比最大的产品类型。美国 2016 年 MBS 发行规模为 1.91 万亿美元，占全部 ABS 规模的 90.22%。造成这种差异的原因与我国信贷结构有着直接关系，同时也应鼓励个人住房抵押贷款、融资租赁资产、消费贷款等类型 ABS 产品的发行，进一步平衡市场结构。

第三，基础资产集中程度较高。2016 年企业 ABS 出现首单违约，这提示我们，无论是单一收益权类产品还是基础资产较少的 CLO 产品，对于风险集中的资产证券化产品，现金流易受经济环境和经营情况波动的影响，需要进一步完善项目结构设计、外部增信、跟踪监控等环节。

第四，信息披露制度需要健全。一方面底层资产披露面临障碍。国际成熟市场对 ABS 产品底层资产有逐一披露的要求，而我国目前没有类似的要求。特别是 CLO 的特点是基础资产规模较大、分散相对不足、难以使用大数法则进行风险分析，因此需要打开资产包进行逐笔检查才可能有效防范基础资产风险。另一方面现金流披露标准有待提升，中介费用不公开导致无法准确预测产品各档未来现金流的分布情况，影响投资者对 ABS 产品的精确分析。

第五，创新与风险需要进一步平衡。企业 ABS 市场活跃，而信贷

ABS 市场则不温不火，二者分化明显。另外，在创新的同时，也应注意基础资产现金流的持续稳定性以及资产池的风险分散程度，警惕具有潜在风险特征的"创新"设计和措施，保证市场有序运行。

从供给侧进一步助推资产证券化市场发展的建议

2017 年是国家实施"十三五"规划的重要一年，也是供给侧结构性改革的深化之年，资产证券化市场的改革发展也跨入新阶段，建议从供给侧进一步助推市场发展：

第一，加强基础资产监管，提升资产质量。基础资产是证券化产品的核心，资产质量决定了市场的健康和长远发展。各种证券化技术的应用，无论是风险隔离还是内外部增信等，均是对基础资产进行重构改造。基础资产的选择应遵循"持续、稳定、可预期、有规模"的标准，实现可持续发展。

第二，完善基础资产变更登记制度。当前"事后变更"的基础资产变更登记方式存在风险：如果发生纠纷，则善意第三人的受偿顺位可能会排在受托人的前面；如果采用发起机构赎回，也可能出现替换资产不匹配、替换资产不足或其他无法赎回的情况。这方面有国际成熟经验可资借鉴。美国抵押权的转让登记是通过名为 MERS 的抵押贷款电子登记系统来完善的。出于完善制度机制的考虑，对于基础资产物权变动问题，应清晰界定法律关系，健全基础资产物权变动规则，合理缓释业务风险。同时发行人也要充分揭示风险。

第三，支持绿色资产证券化发展。一方面应保证募集资金专款专用，保障绿色信贷的严肃性和公信力；另一方面应给予信贷规模管理、税收减免等配套支持政策。完善产业结构，增强绿色经济意识。第四，推动上海自贸区 ABS 产品发行。2016 年，上海市政府发行全球首单自贸区债券。随着债券市场开放步伐加快，可积极推动上海自贸区 ABS 产品发行，助力资产证券化的国际化。

第五，规范和提高信息披露标准。建议信息披露管理能够穿透底层资产，披露资产池中单一资产情况，审慎把控基础资产源头风险，便于投资者进行系统判断、风险判断和更加精准的价值判断。

第六，完善税收等配套制度。ABS 市场的健康发展离不开税收制度的有效支持。建议明确 SPV 的主体地位，并界定不同类型 SPV 的税收待遇；同时避免证券化过程中的重复征税，降低成本，提高流动性。

中国资产证券化市场目前正处在飞速发展的重要阶段，中央结算公司将在主管部门的指导下，发挥金融基础设施优势，一如既往地为市场提供安全、优质、高效、专业的服务，支持市场创新机制，适应新常态，把握新机遇，寻求新发展，携手开创资产证券化市场的新格局。

（本文原载于《债券》2017 年 3 月刊）

构建安全高效的银行业信贷资产登记流转平台

吕世蕴

信贷资产流转是资产证券化之外，盘活银行信贷资产存量的又一重要方式，对于深化银行业改革、建立多层次金融市场、防范化解金融风险具有重要意义，而完善、稳健、高效的基础设施平台对于信贷资产流转市场的规范发展至关重要。

应运而生：银行业信贷资产登记流转平台的现实意义

为落实国务院关于盘活货币信贷存量的要求，支持银行信贷资产规范、高效、有序流转，有必要搭建我国统一的银行业信贷资产流转平台。2013年下半年，银行业信贷资产流转业务试点工作正式启动，顺应、契合了当前我国金融改革发展的需要：

一是盘活货币信贷存量，支持实体经济转型升级的需要。长期以来，我国银行业缺乏安全有效的存量资产流转机制，造成大量信贷资产沉

本文作者时任银行业信贷资产登记流转中心董事长。

194

淀在表内，商业银行在贷款规模和资本约束下，难以形成对实体经济的有效支撑。近年来，国务院多次强调要"用好增量、盘活存量"。李克强总理 2015 年 4 月在银行机构考察时指出，通过信贷资产证券化、贷款流转等方式盘活存量资金，引导更多资金投入实体经济，使金融与实体经济共享发展红利。开展信贷资产流转业务，盘活沉淀的信贷资源，一方面，通过分散转移银行信贷风险，刺激商业银行提高信贷投放力度，从而加大对实体经济特别是"三农"、小微企业等金融服务薄弱环节的支持；另一方面，为新增贷款腾出空间，将盘活的信贷资金再次投入到实体经济的发展中，提高社会资金的使用效率，进一步降低社会融资成本。

二是加强金融基础设施建设，健全金融市场体系的迫切需要。十八届三中全会通过的《中共中央关于全面深化改革若干重大问题的决定》提出"鼓励金融创新，丰富金融市场层次和产品、加强金融基础设施建设"等要求，为信贷资产流转市场基础设施的建设指明了方向。首先，构建规范化、阳光化的信贷资产流转市场，客观上将促进和丰富我国金融市场的层次和内容；其次，在间接融资比重仍高于直接融资比重的背景下，有序的信贷资产流转市场吸引机构投资者参与其中，有助于实现信贷市场与资本市场的有效沟通，推进利率市场化进程；最后，信贷资产流转市场为投资者提供了多样化的投资选择，有利于在全社会范围内实现信贷资源的再配置，对推动金融创新、深化金融改革具有积极意义。

三是适应宏观审慎监管要求，深化银行业改革发展的迫切需要。搭建与完善宏观审慎管理框架，是金融危机后国际社会关于金融监管改革的共识，除了用好货币供应量、利率等传统货币政策工具外，还需要引入创新手段、改进原有金融监管政策和工具，将提高金融机构资本质量和资本充足率、开展前瞻性拨备管理等微观手段放在宏观管理的框架中。而这些举措都对我国银行业的发展提出了更高要求，需要银行业自身转变经营理念，加强资产负债管理，提升资产质量。银行业信贷资产登记流转平台则为银行业转型升级提供了一定的市场条件和手段。一方面，能够提升银行业金融机构主动管理资产的能力，支持金融机构更好地加强资产负债综合管理；另一方面，能够开拓新的资金来源渠道，增加银行业中间业务收入，逐步转变商业银行以利差收入为主的盈利模式，促进银行经营模式的转型升级，支持银行业的改革发展。

四是规范信贷资产流转市场，防范金融风险的迫切需要。信贷资产流转是一种低成本、高效率的银行创新业务，近年来市场上对信贷资产流转的需求越来越多。但银行之间单独谈判，信息封闭，风险难以充分暴露。通过统一规范的银行业信贷资产登记流转平台的服务支持，有助于改变长时间以来信贷资产流转市场"有需求无平台、有交易无标准、有市场无规范"的局面，有助于推动我国信贷资产流转市场的规范化、阳光化、标准化。通过促进信贷资产的直接流转，有助于降低银行信贷的行业集中度、区域集中度和借款人集中度，有助于推动我国银行业风险的有序转移，对于建立金融风险与收益共担机制、提高金融资源配置效率、提高银行风险防控能力、维护金融稳定具有重要的现实意义。

积极探索：银行业信贷资产登记流转平台的不懈努力

自平台设立以来，在制度建设、系统保障、市场培育、市场监测等多个方面开展了大量工作，致力于推动信贷资产流转市场的规范化和标准化发展。

（一）强化规则制度，致力于信贷资产流转市场的规范运作

自平台设立起，就将信贷资产登记流转的规范化建设作为工作的重中之重。建立了信贷资产流转试点的基本交易制度，组织签订了信贷资产流转的"主协议"，统一了相关合同标准格式，确保试点工作的稳步推进。2015年7月和2016年4月，中国银监会相继发布了《关于银行业信贷资产流转集中登记的通知》和《关于规范银行业金融机构信贷资产收益权转让业务的通知》，明确了银行业信贷资产登记流转中心（以下简称银登中心）应承担信贷资产流转集中登记职能，并具体组织开展信贷资产收益权转让业务。相应地制定了信贷资产收益权转让业务的实施方案和业务细则，明确信贷资产收益权转让具体流程与相关要求。目前，银行业信贷资产及其受（收）益权转让所需的各项业务规则已涵盖登记、交易、信息披露、市场监测与报告等各个环节，极大地增强了信贷资产流转市场的规范化。

（二）实行集中登记，致力于信贷资产流转市场的标准化

标准化是金融市场规范交易的前提和保障，这既是监管部门的要求，也是信贷资产流转市场自身健康发展的客观要求。第一，通过对信贷资产要素的标准化、格式化记载，分配唯一可识别的资产代码，防止出现重复交易、风险隐蔽等问题，确保交易资产的唯一性，从而使非标准化的信贷资产变为具有一定标准化属性的金融产品和交易标的；第二，集中登记有助于完善信息披露机制，可促进信贷资产流转的阳光化、透明化，有利于资产的再次流转，提高信贷资产的流动性；第三，通过

集中统一的登记流转平台，实现资产交易全过程的持续记载，保证信贷资产在任何时点不"悬空"，从而保证交易结算的公允性；第四，集中统一的登记机制，将所有的信贷资产流转都置于监管视野之中，为监管工作提供有力抓手，助力于监管的全局性和精准性，提高监管效率，降低监管成本。

（三）完善平台功能，致力于提高信贷资产流转市场的系统保障

为了给信贷资产流转市场提供安全便捷的基础设施平台，银登中心依靠中央国债登记结算公司强大的技术力量和研发经验，对平台业务系统功能持续进行优化升级，形成了集中登记系统、资产流转平台、统计监测系统，能够为信贷资产及其对应受（收）益权产品的登记流转提供良好的服务支持与技术保障。其中，集中登记系统已实现远程登记功能，市场机构通过客户端即可提交登记材料；资产流转平台提供协议转让和挂牌转让等流转方式，可帮助市场成员寻找交易对手与优质资产；统计监测系统可定期推送业务数据及统计分析报告，提供差别化统计监测服务。

（四）重视市场培育，致力于扩大信贷资产登记流转平台的覆盖面

为尽快拓展市场，提高信贷资产登记流转平台的影响力，银登中心先后组织了多期信贷资产登记流转业务培训班，并通过座谈调研，向市场宣传监管政策，了解市场各方诉求，与金融机构之间形成良好的业务互动。银登中心通过官方网站（www.yindeng.com.cn）、微信公众号（"银登中心"）、微信群、客服热线等多种渠道和方式及时发布市场动态信息，加强机构间信息交流，促进交易意向达成，信息披露机制日趋完善。截至 2016 年 3 月末，在平台开立的信贷资产登记账户已逾 300 户，开户

机构包括各类银行机构、信托公司、财务公司等金融机构，还包括银行理财计划、信托计划、基金子公司资产管理计划、证券公司资产管理计划等非法人产品。目前，已开展的信贷资产流转通过债权直接转让、债权收益权转让、信托受益权转让和资管计划收益权转让模式，实现了信贷资产的有效流转。在市场机构各方的共同努力下，信贷资产流转市场正初具规模并稳步发展。

创新驱动：银行业信贷资产登记流转平台的历史使命

银行业信贷资产登记流转平台的设立具有重要的宏观战略意义，有利于丰富完善我国金融市场中相关子市场的功能。未来平台将在现有工作的基础上，积极创新服务模式、创新交易系统、创新金融产品，更好地为我国多层次金融市场体系建设服务。

（一）推动服务创新，引领信贷资产流转市场规范化发展

一是推出更丰富多样的交易模式。交易模式的多样化有助于市场成员各取所需，进而提高市场的活跃程度。在已有的交易模式外，将根据市场成员需求，逐步推出竞价拍卖等交易模式。

二是推出更贴近市场的结构产品。随着参与信贷资产流转业务的投资者日趋多元化，不同投资者的风险偏好和收益偏好也不尽相同，这就需平台推出结构化产品，使具有不同风险偏好的投资者通过投资不同层级的产品，承担风险并获得对应的收益。

三是引入专业化服务机构。根据市场成员的需求，引入评级公司、律师事务所、会计师事务所、资产评估机构、保险公司、信用增进公司等专业服务机构，由市场成员在创设产品或交易时根据需求自行选择

和组合，增强市场规范化和灵活度。随着信贷资产流转业务的不断发展，还将进一步推出信息产品与估值服务，通过市场中形成的信贷资产连续报价，形成市场公允价值，既可以作为市场成员交易的参考，又能有效防范道德风险。

（二）推动系统创新，构建互联互通的多层次金融市场

为满足信贷资产等债权类资产的旺盛流转需求，各地方金融资产交易平台纷纷推出信贷资产流转或类信贷资产的产品与服务。然而，多平台格局下的市场割裂减少了市场透明度，降低了交易效率，不利于监管机构对全市场情况的及时全面掌握。基于此，平台将在多方面进行创新，推动互联互通的多层次市场形成。

一是构建对接多交易平台的资产登记账户体系。平台作为独立的第三方集中登记机构，通过与各地方交易平台的系统互联互通，实现信贷资产等债权类资产的集中登记与账户统一管理，逐步实现通过单一资产账户在不同地方交易平台开展流转交易，同时满足投资者对各类资产进行集中管理与查询的需求；地方交易平台则可将其平台上的交易者范围扩展至全市场所有参与者，从而极大地提高市场的流动性。

二是设计形成统一的系统数据接口标准。金融市场中的基础设施机构是市场所有参与者之间的桥梁与纽带，有能力也有义务推动市场标准的建立。为提高信贷资产流转市场的标准化程度，提高交易效率，减少沟通成本，平台将组织市场参与者共同研究信贷资产流转市场的业务标准与数据标准，并通过系统数据对接的方式，引导地方交易平台及机构投资者逐步采纳此标准，共同推动信贷资产流转市场的健康有序发展。

（三）推动产品创新，更好地满足实体经济多样化的融资需求

一是推动非标准化债权资产的规范化与阳光化。近年来，不以债券形式存在的债权资产市场发展极为迅速，监管部门将这些资产定义为非标准化债权资产，信贷资产也属于非标准化债权资产。目前，非标准化债权市场规模越做越大，有的还脱离了监管视野；有的为了规避监管，通过引入各种通道，使金融交易的链条延长，融资成本增加，隐藏着巨大的金融风险。其客观原因在于随着经济形势的变化，企业需要更灵活的融资方式，金融机构也需要更灵活地配置资产，因此这类债权资产有着天然的市场需求，潜在发展空间巨大。而从产品特性和要素上看，这类债权资产其实与信贷资产基本一致，平台将致力于这类非标资产发行、交易过程的规范化，并且能够使这类金融资产重新回到监管视野，成为满足实体经济合理融资需求的金融工具。

二是推动银行业不良资产流转方式的创新。随着经济下行，商业银行面临着较大的不良资产处置压力，不良资产的市场化处置已成为商业银行的普遍诉求，已有商业银行私下以多种方式进行了不良资产市场化流转处置的探索。顺应市场的迫切需要，银登中心将积极调研汇集市场需求，研究商业银行不良资产处置的新方式，为商业银行探索一条方便高效、依法合规的不良资产处置新渠道。

（本文原载于《债券》2016 年 6 月刊）

强监管下中小银行理财业务变化特点与应对之策

童建　杨梦辰　王强松

近期中小银行理财业务监管要点

近几年来，中小银行依靠理财的扩张来竞争存款，表外理财成为银行进行信贷出表、不良出表甚至监管套利、变相投资资本市场的重要工具，造成了表外加杠杆。基于此，监管部门出台一系列政策，直接或间接对中小银行理财业务进行规范监管。

（一）表外理财被正式纳入 MPA 考核

2017 年 3 月 31 日，表外理财被正式纳入 MPA 考核，扼制表内资产向表外腾挪，进而确保银行资产扩张与资本水平的平衡，实现风险隔离。此举对财务健康的大型银行影响较小，而对"薄利多销"的中小银行造成一定冲击，个别城商行理财增速已明显超过上限，达标压力较大。由此来看，中小银行表外理财规模增长将会出现天花板。

本文作者童建时任南京银行副行长；杨梦辰、王强松供职于南京银行资产管理业务中心。

（二）监管层连发文直指理财乱象

在"同业存单—同业理财—委外购债"的链条下，理财资金容易被反复加杠杆，潜在风险引起监管层的关注与重视。4月，银监会接连发布监管文件（见表1），直指"影子银行"的系统性风险、违规放大投资杠杆和监管套利等问题，表明监管政策引导的方向依然是"穿透到底层资产"，基于"排风险、降杠杆、去通道"的政策意图凸显，部分中小银行面临较大挑战。以"同业理财"为渠道的负债规模大幅压缩，加之委外精细化要求提升，内部投资压力进一步增大，表外理财规模增速受限已成定局。

表1　2017年4月银监会发布的主要监管文件

- 《关于提升银行业服务实体经济质效的指导意见》（银监发〔2017〕4号）
- 《中国银监会关于集中开展银行业市场乱象整治工作的通知》（银监发〔2017〕5号）
- 《中国银监会关于银行业风险防控工作的指导意见》（银监发〔2017〕6号）
- 《中国银监会关于切实弥补监管短板提升监管效能的通知》（银监发〔2017〕7号）
- 《关于开展银行业"违法、违规、违章"行为专项治理的通知》（银监办发〔2017〕45号）
- 《关于开展银行业"监管套利、空转套利、关联套利"专项治理工作的通知》（银监办发〔2017〕46号）
- 《开展银行业"不当创新、不当交易、不当激励、不当收费"专项治理工作的通知》（银监办发〔2017〕46号）

资料来源：南京银行资管部整理

（三）加强协管协调，资管新政待落地

7月央行发布了《中国金融稳定报告（2017）》，在"专题一：促进中国资产管理业务规范健康发展"部分中指出目前银行资管业务中存在的五大问题，并依次提出了六大对策，明确表示资管业务需"分类统一标准规制，逐步消除套利空间""建立综合统计制度，为穿透式监管提供根本基础"（见表2）。此外，7月14日至15日全国金融工作会议决定设立国务院金融稳定发展委员会，把主动防范化解系统性金融风险放到更加重要的位置，并提出需统一资产管理业务的标准规制。预计在金融稳定委员会成立后将会加强监管协调，在接下来的一段时间里各

表2　中国人民银行对资管行业提出的问题与对策

《中国金融稳定报告（2017）》	央行金融稳定局：资管业未来发展将出现质增量减
资管行业五个问题 ·存在流动性风险隐患的资金池 ·导致风险传递的多层嵌套 ·监管不足的影子银行 ·使风险仍停留在金融体系的刚性兑付 ·部分非金融机构无序开展资产管理业务	**资管行业"六乱象"** ·标准之乱：缺乏统一的产品标准 ·产品形态之乱：通道业务无序发展 ·管理运作之乱：期限错配 ·表外扩张之乱：影子银行 ·风险承担之乱：刚性兑付 ·市场秩序之乱：非持牌机构开展理财业务
资管行业监管六个对策 ·分类统一标准规制，逐步消除套利空间 ·引导资产管理业务回归本源，有序打破刚性兑付 ·加强流动性风险管控，控制杠杆水平 ·消除多层嵌套，抑制通道业务 ·加强"非标"业务管理，防范影子银行风险 ·建立综合统计制度，为穿透式监管提供根本基础	**资管业务监管的新理念** ·加强宏观审慎管理 ·落实功能监管 ·坚持穿透式监管 ·严格行为监管 ·**实现监管的全覆盖** ·**强化监管协调**

资料来源：南京银行资管部整理

项金融监管政策将会陆续推进、逐步落地。

（四）银监会肯定"三三四"自查成绩

8月银监会召开"近期重点工作通报"通气会，表示目前银行自查基本结束，银行理财产品规模下降，同比增速降至个位数。同时，各级监管检查临近尾声，整体来看监管层对上半年以"三三四"[1]为代表的综合治理成绩表示肯定（见图1），后续进入整改期，相信监管节奏和力

资料来源：南京银行资管部整理

图1　"三三四"综合治理的主要成效

度会有所控制，对市场的冲击也会减弱。

通过梳理近期的监管动向，预计未来监管方向仍是统一标准、穿透监管、检查整改和加强监管协调。随着监管政策趋于严格和对于理财业务的转型要求，中小银行很难再通过表外理财的不合规运作扩张资产负债表，重归低风险、低增长将是中小银行理财业务的大趋势。

从 2017 年半年报看中小银行理财现状

（一）中小银行理财存量规模出现绝对水平下降

2013 年以来，我国中小银行理财规模快速扩张，可以开办理财业务的中小银行家数从 2013 年初的 410 家[2] 增加到 2016 年 12 月的 506 家。进入 2017 年，随着理财纳入 MPA 考核，金融监管持续加强，中小银行理财增速明显回落，并出现存量规模下降的情况（见图 2）。

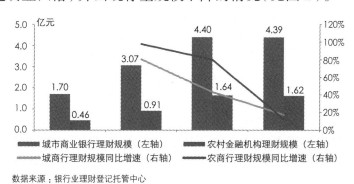

数据来源：银行业理财登记托管中心

图 2 近几年中小银行理财规模与同比增速

具体来看，截至 2017 年 6 月末，中小银行理财存续余额为 6.01 万亿元，较年初减少 0.03 万亿元。特别是农村金融机构理财存量规模同比增速逼近个位数，从 2016 年末的 80.22% 降至 12.50%。

（二）城商行、农商行理财业务市场份额小幅攀升

截至2017年6月末，城商行的理财余额占比从2016年的15.14%进一步上升至15.47%，农商行的份额微幅上升0.07个百分点至5.71%，而股份制银行的存续份额出现下滑（见图3）。

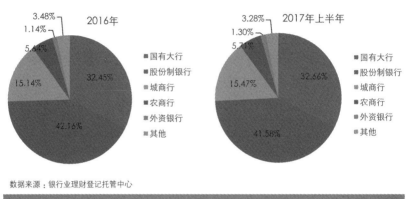

数据来源：银行业理财登记托管中心

图3 不同类型银行业金融机构理财产品余额占比

（三）上市中小银行理财业务梯队明显

从20家上市中小银行（含港股）2017年中报披露的理财余额情况来看，截至6月末，上市中小银行理财规模合计超2.7万亿元，与2016年末理财余额近乎持平。

除了整体规模受到限制外，调整产品结构也成为中小银行的业务重点。其中，2017年上半年非保本理财增长乏力，规模出现小幅下降，而保本理财规模上升明显，部分银行或通过扩大保本理财的规模来稳定理财总规模。

1. 中小银行理财规模梯队明显，增速两极分化

具体来看，北京银行、江苏银行、南京银行领跑城商行，理财余额均超3000亿元；农商行中，广州农商行、重庆农商行规模抢眼，理财规

模在中小银行梯队中排名前十。

从理财规模的环比增速来看，大型城商行表现较为平稳，如北京银行不仅规模总量位居第一，环比增速也高达 12.44%，体现了极强的资金募集和获客能力；农商行中，江阴银行、无锡银行由于前期基数较低，呈现了较高的规模环比增速，分别为 24.54% 和 18.09%；其他农商行规模环比增速均在 ±10% 左右。

2. 中小银行理财余额占总资产比例出现下降

中小银行 2017 年 6 月末理财余额占总资产比例平均值为 16.36%，较年初下降近 1 个百分点，低于同期国有行与股份制银行占比平均值 4 个百分点之多，显示出在当前强监管的背景下，中小银行理财规模下降是大势所趋。

3. 上市中小银行上半年理财业务收入冰火两重天

从包括 18 家上市中小银行（含港股）披露的理财业务收入情况来看，大型城商行拥有规模优势，理财业务收入显著高于小规模的城商行及农商行。城商行中，北京银行理财业务逆势发展，2017 年上半年实现理财业务收入 14.65 亿元，理财收入较去年同期大涨 60.64%，而江浙地区部分中小银行的理财收入较去年同期下降了 20% 左右。由于部分小型城商行及农商行开展理财业务较迟，受到前期基数较小的影响，2017 年上半年理财业务收入增速较快，不具备较强的可持续性。本文粗略测算了上市中小银行理财业务的净利差[3]，得出 2017 年上半年中小银行理财业务平均净利差仅为 0.31%（未年化），与国有行和股份制银行的理财平均净利差（0.47%，未年化）相比差距比较明显。

中小银行理财业务当前面临的挑战

尽管上市中小银行半年报披露信息有限，但从数据中仍然可以窥探出目前中小银行理财业务面临的困局与挑战，主要为以下三个方面。

一是表外理财纳入 MPA 考核，限制了银行将表内资产表外化，压缩了监管套利空间。可以明确 MPA 考核新规对中小银行扩张表外理财规模存在约束力，至少在短期内具有较大程度的威慑作用，将会倒逼中小银行理财业务调整。

二是理财发展领先的股份制银行纷纷开始推动以"手机优先"策略为代表的网络销售渠道，继而替代传统的线下销售模式，持续提升客户线上活跃度与黏性，这让本就销售渠道窄、科技实力弱的中小银行丧失了区域性优势，被迫陷入了夹缝求生的窘境。

三是今年负债增长的压力使得国有行、股份制银行纷纷加入对零售客户的争夺之中（见图 4），城商行理财产品的价格优势正在被蚕食。

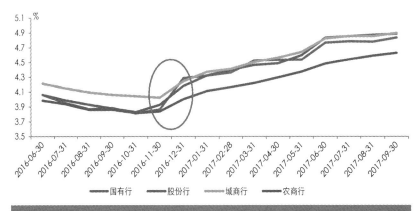

图 4 2017 年国有行理财产品发行利率显著上升
（以非保本预期收益型人民币理财产品为例）

由此来看，中小银行基础相对薄弱，在品牌、网点数量、营销队伍及存量客户等方面，较大型银行均处于相对劣势地位，当前市场资金维持紧平衡造成理财资金募集成本居高不下，中小银行原本的价格优势几乎荡然无存。此外，中小银行资管专业人才缺乏，往往通过加大与外部机构的合作力度来扩张业务规模，资产端的利益被迫让渡出部分给委外机构。在监管力度超市场预期期间，一度出现股债双杀、非标额度趋紧、理财委外赎回等因素，也进一步压缩了中小银行理财业务的利差。

中小银行理财业务的应对之策

在当前理财规模增长出现天花板的时候，中小银行"薄利多销"的模式已然被套上了枷锁。现实倒逼中小银行在理财业务上做出调整。笔者认为，未来中小银行理财业务应分层次发展，规模较小和投资能力弱的小银行应该广泛拓展代销渠道，而理财规模较大、投资能力较强的第一梯队可以抱团取暖，争取优势。同时，理财业务需规范化、精细化运作，提高营销精度、培养自身投研能力，才是应对之策。

（一）提高营销精度，深耕产品创新

我国银行理财市场具有两个鲜明特征：一是银行理财还处于财富管理的初级阶段，仅限于提供产品，并在发行理财产品的过程中部分出现偏离本质的现象，采取了一种"预期收益 + 超额留存"的经营模式，与专业的财富管理业务相距甚远；二是银行理财同质化严重，银行通过比拼收益率来吸引客户，价格战意味着银行自身利润的减少甚至出现亏损，而站不稳脚跟的中小银行则会面临更大压力。

中小银行由于受到地域限制，其终端投资者储备、分销渠道、分支机构的覆盖面与较大型银行差距明显。受制于营销渠道广度，中小银行为进一步发展理财业务，必须提高自身营销精度。

首先，中小银行需找准定位，推出具有本行特色的理财品牌，这需要中小银行在产品设计和销售渠道上实现突破。中小银行必须意识到，资管机构正处在一个愈加复杂的市场环境里，互联网和金融科技的迅速发展正在不断拓展资管业务边界，通过传统分析工具制定的投资决策已逐渐难以满足客户需求。与此同时，大数据能够预测客户投资偏好、提供定制化服务、智能生成投资方案、捕捉信息套利的机会，将会在行业变革中发挥关键作用，极大提高运营效率。例如，理财业务领先的股份制银行纷纷开始引入金融科技，搭建线上理财销售平台。对于中小银行而言，由于自身在科技投入及 IT 系统建设上较为落后，变革步伐缓慢，数字化能力一般，银行理财业务在脱离规模增长依赖后，必须强化"精准营销，销售渠道多元化"的布局，提高内生盈利能力才能避免掉队。

对于一些规模较小、产品难成体系的小型银行，由于产品数量较少，甚至一些产品沦为空壳，搭建自有品牌和营销平台在短期内成本过高，可考虑与处于同一地域内的其他小银行或代销机构展开合作，在初期可实现理财产品销售渠道互通。中小银行共建资管平台则是更高级的发展模式，有助于地域覆盖的不断扩大，促进信息互通，强化营销能力，共同开发和利用资源，实现互相补位作用，推动理财业务创新发展。如南京银行与 65 家中小银行共同发起成立的"紫金山·鑫合金融家俱乐部"便是一个实例。综上所述，中小银行共建资管平台，实现信息分享，谋求合作，抱团取暖是较为实际、有效的选择。

其次，中小银行需有效定位和划分客群需求，实现分层销售。从上市银行披露的 2017 年中报来看，部分股份制银行已经率先尝试"细分客群＋定制／增值方案"的理财产品新模式，发行客群专属理财产品，并捆绑相应的增值服务，实现精准营销。虽然目前各类特色理财产品的背后仍是预期收益型或是设置了业绩比较基准的"净值型"理财产品，多数产品并没有在灵活性和资产投向方面实现真正的突破，但这不失为银行理财打破当前资管业务同质化现状、增加产品创新、提高客户黏性的一种尝试。

（二）培养自身投资能力，实现精细化运作

2016 年，各大银行背负着扩大理财业务规模的压力，一些中小银行由于起步较晚、募集资金能力弱，只得通过高收益理财吸引客户，导致负债成本一直居高不下。反观资产端，市场上理财产品收益率尚缺乏明确资产端挂钩标的，而债券投资策略同质化导致收益率下行，叠加自 2016 年末至今爆发的两次债市重跌，均给部分委外产品不能按照业绩基准兑付埋下了隐患。被"双重挤压"的中小银行必须就业务模式进行一系列的调整。

第一，实现内部培养与外部委托相结合的模式。放缓委外业务的无度扩张，取而代之的是稳步上升甚至短期内的规模萎缩，才是中小银行理财健康长远发展的路径。在这种约束下，投资能力较强的中小银行要通过提高自身资产管理水平来提升理财业务收益水平；投资能力较弱的小银行一方面迫于监管压力，也会通过增设委外机构白名单的方式更加谨慎地选择委托机构，另一方面也可以聘请外部资管专家，采取投顾模式发展业务。

第二，实现资产、负债端的精细化管理。中小银行在负债端管理上需约束非理性定价行为，避免恶性竞争，维护良好的市场竞争环境，减少负债端的利差让渡水平。资产端方面，根据银行业理财登记托管中心数据，2016 年银行理财大规模减持货币市场工具、现金及银行存款，取而代之的是债券资产占比不断上升（见图 5）。这意味着底层资产收益不确定性上升，叠加当前市场的宽幅震荡，投资难度明显加大。另一个现象是 2016 年非标资产占比自 2013 年 8 号文[4] 以来首次回升，且归属于权益类资产的股票质押式

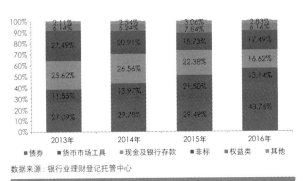

数据来源：银行业理财登记托管中心

图 5 近几年银行理财资金资产配置情况

回购计入非标资产，受总资产规模限制的中小银行非标额度明显趋紧，非标转标是未来业务发力点之一。此外，平台类资产缩水，政府信用在各类融资渠道中逐步退出，城投债权类资产性价比趋弱。资产证券化将会成为一个很重要的方向，虽然非标准化的趋势长期内仍将存在，但随着资本约束加强，资产证券化的空间便会顺应打开。

第三，提高自主投资能力才是未来理财业务收入增长的动能。在市场环境面临不确定性的背景下，中小银行在理财规模和自主投资能力上分化严重，部分中小银行缺乏深厚的投资专业知识、丰富的投资经验和超越同业的业绩表现，因此很难具备较高的运营效率和规模效应。例如个别银行由于自身资产管理能力薄弱，且没有足够的信评系统，导致

无法甄别高收益低评级债券，促使了委外业务的无序发展。因此，中小银行必须努力提高自主投资能力、风险管理能力和针对委外机构业绩的评估能力，才能在激烈的市场竞争中实现理财业务进一步增长，而这将是一个需要时间积累的过程。

注：

1."三三四"是对银监会 2017 年 3 月以来相关监管工作的统称，具体包括"三违反"（违法、违规、违章）、"三套利"（监管套利、空转套利、关联套利）和"四不当"（不当创新、不当交易、不当激励、不当收费）。

2. 根据《中国银行业理财市场报告》披露数据，剔除 5 家国有行及 12 家股份制银行所得。

3. 理财净利差 = 理财手续费收入 /［（上一时点理财余额 + 本时点理财余额）/2］），其中杭州、宁波、江阴、徽商、哈尔滨、郑州银行为非保本理财业务收入，仅除以非保本理财规模（取年初与年末时点余额的平均数），其他银行均用理财业务总收入除以理财业务总规模（取年初与年末时点余额的平均数）；未披露理财收入数据的银行未包含在内。

4.《关于规范商业银行理财业务投资运作有关问题的通知》（银监发〔2013〕8 号）规定"理财资金投资非标的余额在任何时点均以理财产品余额的 35% 与商业银行上一年度审计报告披露总资产的 4% 之间孰低者为上限"。

（本文原载于《债券》2017 年 11 月刊）

商业银行不良资产处置模式比较：
自主追偿和转让出售

胡建忠

商业银行化解不良资产主要包括自行清收、重组、减免，自主核销，转让出售三大渠道。基于不良资产处置主体视角考虑，处置模式可以分为自主追偿和转让出售。自主追偿是指商业银行通过内设专门处置不良资产部门或成立子公司等途径，自己解决问题资产，以重组、诉讼、以资抵债、破产清算、债转股[1]等方式化解不良资产。转让出售是指商业银行依据一定的市场准则以公开竞价或个别协商的方式将不良资产彻底转让给资产管理公司等第三方机构，资产管理公司再通过并购重组、追加投资、拍卖招标等方式实现不良资产的价值变现。

经过 1999 年、2004 年、2005 年、2009 年四次大规模的不良资产剥离，国有商业银行通过打包出售、转让等方式总共化解了超过 3 万亿元的不良资产，顺利完成改制上市[2]。然而，当前商业银行的不良贷款余

本文作者时任中国长城资产管理股份有限公司副总裁。

额和不良贷款率仍在攀升，商业银行自身主导的债转股、资产证券化等不良资产处置模式开始受到更多关注。基于这一背景，本文结合当前形势下不良资产市场特征，分析和探讨自主追偿模式与转让出售模式之优劣，并针对商业银行经营管理增效、债务企业重组和我国金融市场体系完善提出对策建议。

当前不良资产市场发展现状

（一）不良资产持续暴露，市场供给激增

2008 年金融危机爆发之后，随着扩张性刺激政策影响减弱，加上信贷政策波动、预算软约束等制度缺陷以及国际经济低迷等外部抑制因素，我国行业间、区域间、国企民企间信贷资源错配矛盾突出，不良资产进入集中暴露期。2012 年三季度，我国银行业不良贷款率结束连续 31 个季度的逐季下降态势，自当年二季度末的 0.94% 逐季增高，至 2015 年四季度末累计提高 0.73 个百分点至 1.67%。2016 年以来，不良资产暴露速度有所放缓，截至三季度末，不良率提高 0.09 个百分点至 1.76%。但与此同时，商业银行拨备覆盖率自 2012 年底达到 295.51% 历史高点后一路走低，至 2016 年三季度末已降至 175.52%，降幅之大足以说明银行处置不良资产的决心和力度。2016 年上半年，已上市的 16 家银行不良贷款总规模增加了 9.8%，从年初 9942 亿元增至 10915 亿元，其中四大行的不良贷款规模占比超过 16 家总规模的 2/3。在进行了大额计提不良资产减值损失后，仍出现拨备覆盖率下降和逾期贷款余额上升，可见商业银行的风险管控形势依然十分严峻。

（二）投资者更趋多元专业，买方市场扩容

未来一段时间，经济增速下行的压力可能使商业银行不良贷款和债券违约呈现持续上升态势。伴随政策松绑和多种类型资产管理公司的设立，不良资产管理行业将进入快速发展期，越来越多的潜在买方开始活跃于不良资产市场。目前，四大资产管理公司仍然在不良资产买受方中占据主要地位。同时，地方资产管理公司的扩容将进一步扩大不良资产的承接主体³。随着债转股提速，四大国有商业银行均已设立资产管理子公司，股份制商业银行也跃跃欲试，银行系资产管理公司将纷至沓来⁴。此外，基金公司、大型财务公司及投资咨询公司等金融机构也正在积极参与进来，它们中有正在寻找并购机遇的民间资本，也有惯熟国际资本市场规则的海外另类投资机构。不良资产市场参与主体正日趋多元化和专业化。

（三）供需格局转变，不良交易活跃

不良资产的不断暴露和潜在买方的大量涌现改变了不良资产的供需格局。一方面，商业银行的核销和转出力度明显加大；另一方面，资产管理公司收购传统类和重组类资产规模明显增加，市场交易额增幅明显。根据2015年四大行年报披露，其核销及转出不良贷款共计逾2300亿元，较2014年提升了近八成。2016年前三季度，银行业公开投放不良资产市场的本金总额为3696亿元，完成交易3081亿元，四大资产管理公司占成交的绝大部分。除核销、转让等传统方式外，不良资产证券化、债转股等综合化多元化处置手段也正在加速推进。

2016年9月，工商银行、建设银行、招商银行发行三期共计33亿元不良资产支持类证券；同年10月，云南锡业集团与建设银行签订50

亿元市场化债转股投资协议。尽管两种创新处置方式的规模不大，但不可否认，不良资产市场的活跃度和关注度均得到显著提升，不良资产交易市场化程度也不断提高。

不良资产处置模式比较分析

作为不良资产的两种主要处置模式，自主追偿和转让出售各具优劣，接下来本文将从经济效益、风险隔离、制度支持、社会效应以及交易成本等方面对此进行比较。

（一）成本方面

由于受批量转让限制，通过转让出售处置的不良资产更多是被金融资产管理公司受让。为了实现全面风险管控，资产管理公司须在交易前进行充分的尽职调查，真实有效地掌握相关资产的状况、权属关系和市场前景。然而，由于信息不对称，尽调必将耗费大量人力物力财力等经济成本。

与之相比，银行自主追偿更具经济成本优势。一方面，由于银行拥有债务人的长期经营信息，在获取资产价值信息、加强催缴清收方面具有很强的信息优势；另一方面，相比大型的国有商业银行，中小规模的股份制银行或城商行的议价能力有限，若以买断形式转让不良债权，一般来说其折价水平较高，银行承受的损失相对较大。

然而，以上的成本优势可能主要限于不良资产交易前期。资产交割后，如何更加高效地经营、管理、处置不良资产，最大限度地实现价值变现才是整个流程的关键。商业银行在处置不良资产过程中并没有折让权或减免权，传统的处置手段较为单一，如催缴清收、诉讼追偿、担保物权变现、协议处置等，处置过程中很可能遭遇债务人不配合、诉讼程序烦冗漫长、担保物权属不明等阻碍，处置效率较低，且部分追偿无果的呆账一经核销仍需另立账户管理，进一步增大了银行的催收成本。

（二）风险隔离方面

银行为了防止债务企业破产导致信贷资产大比例损失，容易为其提供再融资服务，以使债务企业借新还旧。然而，借新还旧一方面无法改善企业基本面，另一方面很可能诱发严重的道德风险和"好钱追逐坏钱"的现象，不但导致信贷资产质量进一步恶化，还为银行的长远发展埋下隐患。2013 年以来，许多企业积累的高额债务，不少是因为大量新增信贷用于偿还利息而非新增投资或用于经营活动。此外，银行自行处置不良资产时，如果通过提起诉讼、申请仲裁等途径实现债权的打折回收，很可能诱发同一区域的道德风险，即可能诱使当地某些有履行能力的债务人不尽力履行偿债义务，心存侥幸假借转制转型之名，转移企业资产，推卸还款责任，日益积聚的信贷风险可能会囿于商业银行体系之内。

目前，国有商业银行在我国银行体系中仍占主导地位。其虽已改制为股份制银行，但在管理方面部分保留了国有企业原有的行政化特点，不良资产率不仅是日常业绩考核的重要指标，也是经营层提拔任用和责任追究考量的重要参考因素。这容易促使国有银行更愿意采取展期、借新还旧等办法，尽量不暴露风险，使风险后移，最终导致错过最佳的处置时机和方式；或者交由另外的部门处置，由于内部难以划清责任，容易引发道德风险。如果将不良贷款转让出售给第三方机构，不但可以实现风险的彻底剥离，而且通过与金融资产管理公司的交易，还能够有效控制因低估不良资产包价值而导致资产折价损失的风险。

（三）制度支持方面

首先，对于银行业内部处置不良资产，目前仍缺乏基本的法律规制指导，部分政策文件甚至未能统一口径。出于防范国有资产流失的考虑，关于"金融企业能否将债权转让给非金融企业或社会投资者""哪些贷款可以转让""通过什么方式转让"等争议问题始终未曾解决。其次，直至2013年财政部颁布《金融企业呆账核销管理办法（2013年修订版）》，银行进行呆账核销的程序才得以简化，相关追责机制才得以健全，但股份制银行、城市商业银行、农村信用社、农村商业银行、农村合作银行的呆账核销自主权仍十分有限，并且银行依旧没有折让或减免债务的权力，只有法院裁决才具有终决权。再次，清收、重组、核销等作为银行内部传统的不良资产处置手段，审核处置效率往往较低。面对节节攀升的不良贷款规模，出表压力加剧，商业银行试图寻求更多处置办法，以资产管理公司代持、银银互持和收益权转让等为代表的通道业务成为商业银行化解不良资产的首选。然而，这种非实质性出表并不能从根本上提升银行业资产负债表的质量。

2016年，《中国银监会办公厅关于规范金融资产管理公司不良资产收购业务的通知》和《中国银监会办公厅关于规范银行业金融机构信贷资产收益权转让业务的通知》发布，明确禁止银行不良资产借收益权转让等通道业务出表。上述事实表明，目前制度层面尚不支持银行自行高效率地处置不良资产。国家在相关政策法规方面更加提倡非银金融机构参与商业银行不良资产的处置。基于《金融资产管理公司条例》《公司法》《合同法》等，财政部针对金融资产管理公司业务范围、组织架构、风险管理、规范监督等方面颁布了较为全面的法规政策[5]，国务院发布的《关于市场化银行债权转股权的指导意见》中亦鼓励金融资产管理公司、保险资产管理机构等多种类型实施机构参与开展市场化债转股。广泛的业务许可和政策支持保障了金融资产管理公司等第三方机构能够依法依规以高效灵活的手段处置不良资产。

（四）社会效应方面

商业银行通过常规方法处置不良资产收益有限且效率较低，通过收益权转让等非常规方法尽管出表效率高，却因风险隔离问题被监管机构禁止，因此以商业银行为主导的债转股、不良资产证券化、互联网处置平台等创新模式逐渐浮出水面[6]。但值得关注的是，不得当的创新处置方式可能对社会信用体系造成冲击，不但难以实现调整和盘活存量、"去产能、去库存"的效果，而且可能适得其反，危害社会信用体系。

以债转股为例，其作为一种灵活的债务重组手段可以有效降低银行不良贷款率，并且可以通过参与治理、并购重组、追加投资等辅助手段促使企业重新焕发活力。2016年10月10日，国务院下发《关于市场化银行债权转股权的指导意见》，推动新一轮债转股，这一手段被部分人士解读为化解商业银行不良资产和降低实体企业杠杆率的"良药"。然而，大规模推行旨在以当期利息收益换取未来价值提升的"债权人变股东"方式，有可能动摇银行稳健经营的根基，不但难以真正改变商业银行资产质量，还会增大资本消耗和盈利的不确定性。对于债转股企业而言，实施债转股虽然能够暂时缓解其债务压力，但也容易引发企业进一步举债的意愿，从而陷入"负债→转股→再负债→再转股"的恶性循环，诱发"奖懒罚勤"现象，进而导致市场的逆向选择。

在限定期限内还本付息既是企业家谨慎投资、专注经营的有效激励，也是市场经济健康稳步发展的必要前提，更是千百年来形成的社会信用体系基石。历史经验表明，银行主导的不良处置创新对加快其巨额不良资产化解的作用毋庸置疑，但仅可将其作为一种应急手段，而非常态化业务模式。更多时候，银行处置不良资产的核心要义应是把最基本的方法、最基本的制度落到实处，同时提高处置的执行力，并联合金融资产管理公司等专门机构进行市场化处置。

（五）效益效率方面

不良资产若转让给资产管理公司，银行能够快速变现，而且相关的债权债务关系也随之终结，账销案销。与此同时，以金融资产管理公司为主导的第三方处置机构更具专业性、多元性，它们通过债务重组、并购重组、追加投资、资产证券化等诸多处置工具，不但能够大幅降低处置成本，而且有助于盘活存量资产、优化资源配置。因此综合来看，银行通过转让出售模式处置不良资产比较具有经济效益。

同时，将不良资产转让出售给金融资产管理公司等专门机构，能够在很大程度上活跃不良资产市场的交易氛围，它将资产管理公司、地方金融资产管理公司、金融资产交易所、律师事务所、管理咨询公司、互联网平台等第三方机构汇聚起来，形成承接商业银行处置不良资产特殊的综合化市场。在这一市场环境下，参与者众多，其专业水平、化解技能、营销能力、规制运用以及创新思维远超过单一银行内部的资产处置人员，因此价格形成机制更完善，处置效率也更高。

结论与建议

随着我国经济发展进入转型期，新旧增长动力转换等任务艰巨。当务之急，商业银行需一方面响应国家号召，培育新经济、寻找新动能，另一方面要加大不良资产处置力度、拓展处置渠道、提升处置效率，腾挪更多资本用于日常经营。然而，若一味追求不良资产处置创新和出表效率，容易适得其反。商业银行应更加注重不良资产特点以及行业特征，在多方权衡成本效益的同时，兼顾风险隔离性、政策灵活性、社会效应以及不良资产市场化交易机制的构建，在多种处置模式间寻求平衡点。

在处置不良资产方面，金融资产管理公司专门机构在风险隔离、制度支持等方面具有一定的优势。与此同时，第三方处置模式更注重通过债务重组、并购重组等投行手段盘活存量资产、优化资源配置，这不但有助于更高效、灵活地帮助银行降低不良资产、帮助企业提升资产价值，更有助于化解过剩产能、促进经济结构调整，提升社会金融资产的流动性并有效分散风险。因此，在商业银行化解不良资产过程中，第三方处置模式值得推广。

注：

1. 债转股或资产证券化等作为不良资产的处置手段，其实施主体既可以是商业银行自身设立的所属机构或子公司，也可以是金融资产管理公司等金融实施机构。

2. 四次大规模不良资产剥离所涉及金额分别为 1.39 万亿、0.4 万亿、0.45 万亿、0.8156 万亿元。此外，2005 年工商银行将 0.246 万亿元损失类信贷委托华融资产管理公司处置。需要说明的是，2009 年农行上市前剥离的 8156 亿元不良资产，其中 1506 亿元由央行再贷款等额置换，余下部分由农行与财政部共同管理的独立基金经营。

3.2012 年发布的《金融企业不良资产批量转让管理办法》提出，各省级人民政府可设立或授权一家资产管理公司，参与本省范围内的不良资产批量转让。2016 年 10 月，部分沿海单列市的地市级资产管理公司的设立已然打破了一省设立一家地方资产管理公司的限制。

4.2016 年 11 月 22 日，中国农业银行审议通过，拟出资人民币 100 亿元投资设立全资子公司农银资产管理有限公司；招商银行、民生银行联合中国长城资产管理公司拟联合设立专司债转股的资产管理子公司。

5.2004 年财政部颁布了《金融资产管理公司投资业务风险管理办法》《金融资产管理公司委托代理业务风险管理办法》《金融资产管理公司商业化收购业务风险管理办法》；后续又陆续颁布《金融企业财务规则》（2006 年）、《金融资产管理公司资产处置监督管理暂行办法》（2008 年）及《金融企业国有资产转让管理办法》（2009 年）。

6. 这些不良资产处置手段创新很大程度上属于国际经验的借鉴，而非实质性创新。

（本文原载于《债券》2017 年 1 月刊）